Ingo Swoboda

101 Manufakturen in Rhein-Main

Ingo Swoboda

101 Manufakturen in Rhein-Main

societäts\verlag

1. Auflage

Satz: Julia Desch, Societäts-Verlag
Umschlaggestaltung: Julia Desch, Societäts-Verlag
Druck und Verarbeitung: Finidr Printing House
Printed in EU 2024
ISBN 978-3-95542-480-0

Besuchen Sie uns im Internet:
www.societaets-verlag.de

FSC
www.fsc.org
MIX
Papier aus verantwortungsvollen Quellen
FSC® C014138

Product footprint
CO_2 Neutral
PBN-CFMCP-015258
www.preferredbynature.org

INHALT

Vorwort

Liebe Leserin, lieber Leser,

vielleicht fragen Sie sich auch manchmal, nach welchen Kriterien wir eigentlich entscheiden, was wir kaufen und wo wir es kaufen. Wahrscheinlich folgt jede und jeder von uns mehr oder weniger bewussten Prinzipien beim Einkaufen. Vielleicht hat zugleich aber auch bei vielen von uns der Gedanke an nachhaltige Produktion und regionalen Konsum über die letzten Jahr hinweg immer mehr an Bedeutung gewonnen.

In diesem Buch nehmen wir Sie mit auf eine spannende und überraschende Entdeckungsreise durch das Kernstück der heimischen Wirtschaft. Was sich dahinter verbirgt, sind meist kleine und mittelgroße Manufakturen von engagierten Menschen, die ihr Unternehmen mit gelebter Leidenschaft und viel Herzblut betreiben.

Die oftmals vor allem handwerklich arbeitenden Betriebe haben sich mitten in einer globalen Wirtschaftswelt im besonderen Maße der regionalen Produktion verschrieben und bedienen sich dafür so weit wie möglich an Rohstoffen aus der näheren Umgebung. Nachhaltigkeit mit kurzen Lieferwegen gleich um die Ecke ist für viele Manufakturen ein essentielles Anliegen.

Wir stellen Ihnen eine bunte und ideenreiche Mischung aus Menschen, Handwerk und Produkten »Made im Rhein-Main-Gebiet« vor: Jacken aus gebrauchten Segeln, ausgetüftelte Lastenfahrräder, mit persönlichen Bildern verzierte Lampen, getöpferte Keramikware, die das Zuhause verschönert und vieles mehr.

Ingo Swoboda

01

Alles handgestrickt

manufacta – Strick & Schmuck
—> Kronthaler Straße 51, 65812 Bad Soden

Was Martina Adam in die Hand nimmt, hat fast immer mit Stricken, Schmuck und Design zu tun. Denn in ihrer Manufaktur produziert sie handgemachte Unikate unter ihrem eigenen Label. Alles individuelle Einzelstücke, mit denen man sein Outfit aufpeppen und verändern kann.

Sei es mit ihren »Strick Signature Produkten« wie den außergewöhnlichen handgeformten Strickfilzhüten, den federleichten Fallmaschentüchern als ideale Begleiter für kalte Monate oder als Stola für den Sommer oder den lässigen Ponchos, die Martina Adam in verschiedenen Modellen anbietet. Das attraktive Stricksortiment wird ergänzt mit handmade Taschen, Stirnbändern, Pulswärmer und Stulpen, Schals, Loops, Dreieckstüchern und natürlich mit Mützen in vielen farbigen Varianten und Formen. Für die Kleinen hat Martina Adam Baby- und Kuscheldecke im attraktiven Angebot, dazu Kinderpullis in schicken Designs und Farben.

Alle Produkte sind 100 Prozent nach eigenen Designs nadelgestrickt, dafür werden unterschiedliche Wollqualitäten von reiner Schurwolle über Alpaka und Kid-Mohair bis zu Synthetik verwendet.

Wer in der Strickwelt der Manufaktur nicht fündig wird, findet bestimmt in der Schmuckabteilung von Martina Adam das Passende. Zum Beispiel größenverstellbare Schiebearmbänder oder ausgefallener Filzschmuck für den Winter, kombiniert mit hochwertigen Edelstahlelementen. In ihrem Showroom sind alle Unikate zu besichtigen, gleichzeitig bietet Martina Adam in ihrem Werkstattladen auch eine intensive und persönliche Beratung nach Vereinbarung an.

www.madam-manufacta.de
*Terminabsprache erforderlich

02

Dinge entwerfen und herstellen, zu denen man eine emotionale Bindung aufbauen kann, und deren Wertigkeit man mit den Händen fühlen kann. Das ist der Anspruch von Kathrin Kremser, die in ihrer kleinen Manufaktur ausschließlich nach den strengen Richtlinien der »Woolmark Company« zertifizierten Filz aus reiner Schurwolle von gesunden und artgerecht gehaltenen Schafen verarbeitet. Dort, wo Leder eingesetzt wird, verwendet Kathrin Kremser pflanzlich gegerbtes Rindsleder aus Süddeutschland. Gefärbt wird mit umweltschonenden synthetischen Mitteln, auch das Gummiband hat Ökostatus und ist biologisch abbaubar, recyclebar, vegan und plastikfrei. Ein rundum ökologischer Herstellungsprozess, auf den die Diplom-Designerin für alle ihre Produkte besonderen Wert legt. In ihrem Darmstädter Atelier entstehen die handgefertigten und nachhaltigen Unikate, etwa die praktische Wollfilztasche »Brotzeit-Set« in verschiedenen Farben mit hochwertigem Kirschholz-Schneidebrett, einem Opinel-Messer und einem Tuch aus reinem Leinen. Brillenetuis gibt es in verschiedenen Ausführungen mit bunten Nähten, ein Bestseller ist das mit Lavendel gefüllte Duftkissen »smilla« aus Bio-Woll-Filz und Bio-Leder. Wer es ganz individuell möchte, kann in der Manufaktur maßgeschneiderte Etuis und Sets im Design nach eigenen Ideen und mit eigenem Logo ordern. Zu bestellen sind die Produkte im Onlineshop, dazu sind die Filz-Kreationen auf verschiedenen Märkten zu finden.

www.matilda-k.de

Schön und praktisch aus Filz

matilda k. – Manufaktur

—> nur online

Frankfurt gestickt

03

Maripo – Shop in Shop bei Ookoko

—> Brückenstraße 33
60594 Frankfurt

Marion Pohl ist eine passionierte Näherin, die schon immer gerne mit Nadel und Faden umgegangen ist. Irgendwann wurde aus dem Hobby eine kleine Manufaktur, seit 2010 bringt Marion Pohl ihre selbst entworfenen Designs mit einer Strickmaschine auf die Stoffe. Unterschiedliche Symbole und verschiedene Farben, aber alle haben etwas mit Frankfurt zu tun.

Da gibt es zum Beispiel Geschirrtücher mit dem in Rot aufgestickten Goetheturm oder der Silhouette der Frankfurter Skyline, das Leinen-Gläsertuch mit dem Henninger Turm in Blau oder Rot, den »Schobbeglas-Labbe«, das Kosmetiktäschchen für »Frankfurter Mädscher« in Pink und auch der Struwwelpeter ziert die Produkte aus der kleinen Frankfurter Manufaktur. Nicht zu vergessen das Gläsertuch »Grie Soß«, bestickt mit den sieben Kräutern, die in die Frankfurter Grüne Soße gehören.

Natürlich hat Marion Pohl auch den klassischen Bembel und das Gerippte im Portfolio und das gleich in mehreren Varianten. Sei es als Gymbag aus recyceltem Material, als Schlüsselanhänger in vielen Farbkombinationen, als Filz-Handytasche oder als Brillenetui, das es für alle gängigen Brillengrößen gibt. Kissenbezüge bietet Marion Pohl aus Baumwolle oder Halbleinen mit gesticktem Bembel an, ein Verkaufsschlager ist das flauschige Kirschkernsäckchen in Bembelform. Und natürlich darf die legendäre Frau Rauscher aus der Klappergass in Sachsenhausen im Sortiment nicht fehlen, gestickt auf das Geschirrtuch aus 100 Prozent Leinen.

www.maripo.de

04

Schick in Strick

Enterprise-Strickdesign
—> Spohrstraße 46, 60318 Frankfurt

Die Leidenschaft am Stricken und die Lust an der Herstellung der eigenen Kleidung, auch als Ausdruck der eigenen Empfindung von Mode in Form und Design, sind Motivationen, die Gudrun Peterek dazu bewegt haben, ihre eigene Strick-Manufaktur zu gründen. Was sie sich dafür ausdenkt, ihre Ideen, ihr Design und ihre Entwürfe müssen immer auch ihrem individuellen Geschmack entsprechen und ihr gefallen. Dazu soll ihre Mode den Anspruch der bequemen und unkomplizierten Tragbarkeit vor allem im Alltag erfüllen, durchaus gedacht als sichtbarer Teil einer Persönlichkeit.

Kleider machen Leute, das gilt insbesondere für Gudrun Petereks individuelle und maßgefertigte Modelle. Die Kreationen sind eher klassische Strickteile, die durch den Schnitt, die Farben und besondere Details auffallen, die das Modell auszeichnen und vom Standard abheben. Das können angestrickte Schals ebenso sein wie eingestrickte Löcher oder auch verschiedene und flexible Tragemöglichkeiten. Eine Vorliebe hat Gudrun Peterek für Jacken und Oberteile, die sich durch Wickeltechnik schließen lassen.

Für ihre Modelle verwendet sie feinste italienische Merinogarne und Mohair. Die attraktive Kollektion wird durch schicke Accessoires ergänzt, dazu gehören Rollis aus Grobstrick mit eingeknüpften Fransen, aber auch Blüten aus Mohair als Schließe, natürlich Stirnbänder, Armstulpen, Schals und Stolen. Alle Modelle sind nach Maß handgefertigt, eine kleine Männerlinie ist im Aufbau.

https://enterprise-strickdesign.jimdosite.com/
*Terminabsprache erforderlich

Mollig wollig

ALPAQIRI Strickmanufaktur im Taunus

—> Talstraße 6, 65719 Hofheim am Taunus

05

Ihre Leidenschaft fürs Stricken hat Iris Stadie schon als Kind entdeckt. Doch erst als sie anfing mit Alpakawolle zu stricken, war der Knoten geplatzt und sie wusste, dass irgendwann das unternehmerische Leben beginnen würde. Im Jahre 2009 war es dann so weit, Iris Stadie gründete ihre Strickmanufaktur und legte los.

In ihrem kleinen Unternehmen entstehen immer wieder neue Strickdesigns, die Vorlagen für Accessoires wie farbenfrohe Mützen, Handschuhe, Pulswärmer, Stulpen, Tücher, Loops und vieles mehr. Verarbeitet wird ausschließlich reine, weiche hochwertige Alpakawolle in feiner Qualität. Die gehört zu den kostbarsten Wollgaren der Welt, ist leicht wie Daunen, schimmert wie Seide und ist dabei anschmiegsam, elastisch und antibakteriell. Deswegen ist die Wolle auch für Allergiker gut verträglich, denn das Vlies enthält kaum Lanolin. Schmutz und Bakterien bleiben kaum haften, daher müssen Alpakaprodukte seltener gewaschen werden. Dazu wirkt die Wolle klimatisierend: wärmend bei Kälte und kühlend bei Wärme.

Die Naturwolle, aus denen Iris Stadie ihre Produkte mit der Hand strickt, stammt von ausgesuchten Lieferanten in Peru, die besonderen Wert auf artgerechte Haltung der Alpakas und fair gehandelte Ware legen. Die handgestrickten Kreationen gibt es in ihrem Onlineshop oder auf Märkten mit kreativem Handwerk im Rhein-Main-Gebiet.

www.alpaqiri.de
*Terminabsprache erforderlich

Wollà

06

Wollà Wiesbadener StrickManufaktur

—> nur online

Ulf Zaeper ist keiner, der sich seine Socken selbst strickt. Der Gründer der Wiesbadener Strick-Manufaktur mag es gerne etwas größer und vor allem außergewöhnlicher. Stricken ja, aber dann muss es schon ein echter Hingucker sein, etwas Auffälliges. Wie zum Beispiel der handgestrickte Dekokranz, den es in mehreren Größen und in rund 30 Farben gibt und der zunächst wie ein wolliger Adventskranz aussieht. Das passt, aber der Dekokranz versprüht nicht nur adventliches und weihnachtliches Feeling. Das hochwertige wollige Accessoire ist ganzjährig schön.

Je nach Gusto und Kreativität kann der Kranz unterschiedlich dekoriert werden, mit oder ohne Kerzen, mit Windlichtern oder einfach als Deko für die perfekte Vase. Gestrickt ist das Ganze aus flauschiger Merinowolle, einem 100-prozentigem Naturprodukt. Dadurch sind alle Strickkreationen relativ weich und kratzen nicht. Dazu ist Merinowolle antibakteriell, schmutz- und geruchsabweisend. Auf Bestellung handgestrickt werden in Wiesbaden auch Sofa-, Boden- und Sitzkissen, die Ulf Zaeper nicht nur persönlich gestrickt, sondern auch designt hat. Genauso wie den ganzjährig immer wieder unterschiedlich dekorierbaren Gugelhupf Zopf, der in den Varianten »hochkant« und »längs« angeboten wird.

Wollige und wärmende XXL-Decken aus reiner Merinowolle fertigt er auch in individuell gewünschten Maßen an, die Lieferzeit beträgt zwischen fünf und acht Werktagen. Die Kuscheldecken für die Kleinen können dazu mit Namen und Geburtsdatum personalisiert werden.

www.wolla.org

07

Almut Lager und Norbert Kummermehr haben es sich zur Aufgabe gemacht, mit ihren einzigartigen Produkten wieder mehr Farbe und Formenvielfalt in Häuser und Räume zu bringen. Das Familienunternehmen hat sich auf die Produktion und den Vertrieb dekorativer Zementmosaik- und Terrazzo-Platten spezialisiert.

In der ehemaligen Sektkellerei Geiling direkt an der Bundesstraße 9 liegt die Manufaktur mit ihren Ausstellungs- und Büroräumen. Ein Dorado für Fans von Bodenfliesen mit Geschichte und Tradition, aber auch historische Muster für Hof und Garten sind hier zu bekommen.

Durch die teilmanuelle Produktion ist jede Fliese ein Unikat und variiert geringfügig in ihrer Materialstärke, was bei korrekter Verlegung durch einen Fachmann jedoch ausgeglichen werden kann. Die Farbnuancen der einzelnen Zementfliesen lassen ein eindrucksvolles changierendes Gesamtbild entstehen. Alle Zementfliesen werden nachhaltig in der ursprünglichen Materialzusammensetzung wie im 19. Jahrhundert gefertigt und bestehen aus wertigen und natürlichen Materialien ohne künstliche Zusatzstoffe.

Von den Mustern der Zementmosaik- und Terrazzo-Platten inspiriert, bietet VIA auch Kreidefarben in verschiedenen seidig matten Trendfarben an. Die hohe Pigmentierung dieser Universalfarbe sorgt für eine große Farbtiefe und Intensität. Die ideale Ergänzung zum Fliesenprogramm des Unternehmens. Ausstellungsbesuche sind nach telefonsicher Absprache möglich.

www.viamaterial.de
*Terminabsprache erforderlich

Alles Fliest wunderbar

VIA Material
—> Mainzer Straße 33 – 35
55422 Bacharach

08

Auf dem richtigen Holzweg

Werkstatt für feine Holzbearbeitung – Peter Lüchau

—> Starkenburger Straße 59
60386 Frankfurt

»Werkstatt für feine Holzbearbeitung« nennt Peter Lüchau seinen Betrieb. Das trifft den Nagel auf den Kopf, denn Lüchau ist nicht nur Schreinermeister, er besitzt auch den Meisterbrief in der Kunst der Drechslerei.

Dahinter steckt ein Fertigungsverfahren zur Holzbearbeitung, das es erlaubt, mittels dem sogenannten Drehen runde Formen aus Holz herzustellen. Mit dieser Drehtechnik, die vor allem handwerkliches Geschick und Augenmaß erfordert, kann Peter Lüchau in seiner Werkstatt nicht nur Treppenstäbe, Pfosten, Säulen, Schreibgeräte, Dosen oder kleine Kunstobjekte herstellen, sondern auch Schalen und Teller.

Neben eigenen Entwürfen realisiert der Drechslermeister auch individuelle Kundenwünsche. In der Schreinerei entstehen dagegen Tische, Regale, ganze Küchen, Schränke in allen Größen, Badezimmermöbel, auf Wunsch auch Betten, Phono- und Fernsehmöbel. Und natürlich auch hier individuelle, dem Umfeld angepasste Einbauten oder Objekte nach Kundenwünschen. Ein breites Portfolio, aus dem die Kunden maßgeschneiderte Holzobjekte wählen können. Für die Beratung seiner Kunden nimmt sich der Meister ausreichend Zeit, nicht nur um praktische Vorschläge zu machen, sondern auch um jedes Detail abzusprechen.

Seit vielen Jahren findet vor Weihnachten in der Werkstatt für feine Holzbearbeitung in Frankfurt eine Ausstellung statt, bei der auch befreundete Kunsthandwerker ihre Arbeiten zeigen.

www.drechslerei-schreinerei-frankfurt.de
*Terminabsprache erforderlich

09 Stufe für Stufe Qualität

Treppenbau Diehl
—> Am Herrenhof 6, 60435 Frankfurt

Seit mehr als 50 Jahren gibt es die Firma Treppenbau Diehl in Frankfurt am Main, die heute von Jürgen Quirin geführt wird. »Kompromisslose Einzigartigkeit« lautet das Motto der Manufaktur, deren Arbeit dort anfängt, wo der Standard aufhört. Das sind zum einen Treppen in schwierigen baulichen Voraussetzungen, oftmals auch statische Meisterwerke, die besondere Herausforderungen und räumliche Gegebenheiten überwinden müssen, aber auch Treppen aus besonderen Materialien, die damit ihre Einzigartigkeit unterstreichen.

Treppenbauer Jürgen Quirin und sein Team sind entsprechend auch Gestalter und Designer, die mit ihren Treppen Blickfänge produzieren, die den Räumen einen besonderen Charakter verleihen, die schicke Wohnstile kreieren und die persönlichen Vorlieben und Vorstellungen der Auftraggeber durch ihre handwerklich hergestellten Unikate zur Geltung bringen.

Am Anfang einer jeden Treppe aus der Frankfurter Manufaktur steht der persönliche Kundenkontakt, natürlich immer verbunden mit einer umfassenden Beratung. Jeder Entstehungsschritt wird vom ersten Gespräch an sorgfältig beschrieben, bevor es in die handwerklich perfektionierte Herstellung geht. Denn am Ende steht immer ein Unikat, eine Treppe, die weit mehr als ein notwendiges Bauelement ist, sondern manchmal das Unmögliche möglich macht, immer aber Stufe für Stufe die Persönlichkeit und Wünsche der Kunden repräsentiert. Denn die gibt es nicht von der Stange.

www.treppenbau-diehl.de
*Terminabsprache erforderlich

10

Mehr als 100 Jahre gut schlafen

NIRWANA Matratzenmanufaktur
—> Sudentenstraße 13, 64521 Groß-Gerau

Seit mehr als 100 Jahren kümmert sich die Matratzenmanufaktur um den guten und erholsamen Schlaf. Keine einfache Sache, denn guter Schlaf ist individuell und damit abhängig von vielen Faktoren. Vor allem aber von der richtigen und passenden Matratze.

Deswegen steht die kompetente und ausführliche Beratung am Anfang der zukünftigen Schlafqualität, um die perfekte Matratze zu finden bedarf es viel Erfahrung und neustes Fachwissen. Beides bietet Nirwana seinen Kunden, egal ob die Matratze speziell für Babys, Kinder, Jugendliche oder Erwachsene angefertigt werden soll.

Jede Matratze ist denn auch ein Unikat und wird in der Manufaktur erst nach der Bestellung in Handarbeit Stück für Stück zusammengesetzt. Natürlich aus besten Materialien, alle verwendeten Komponenten sind streng kontrolliert, geprüft und zertifiziert. Qualität und Nachhaltigkeit spielen eine wichtige Rolle bei der Auswahl der Rohstoffe und der Fertigung der Einzelstücke, die erholsame Nächte garantieren.

Dabei kann man aus einer Vielzahl an unterschiedlichen Komponenten auswählen, um für sich die ideale und passende Schlaflösung zu finden und ein Produkt von Beständigkeit und unzweifelhafter Qualität zu bekommen.

Auch für Wohnwagen und Boote bietet die Manufaktur eine umfangreiche Auswahl an komfortablen Matratzen, dazu handwerkliche Polsterarbeit auf Maß für besondere Wünsche und räumliche Herausforderungen.

www.nirwana-matratzen.de

11

Die Ende des 19. Jahrhunderts von Jacob Hembus in Frankfurt gegründete Manufaktur hat seit Mitte 2023 im Odenwald eine neue Heimat gefunden und gehört nun zur

Tapetenwechsel

Tapetenmanufaktur Hembus

—> nur online

Steula-Familie, die mit Begeisterung die Tradition der Tapetenmanufaktur fortsetzt. Für die Traditionsfirma ein wichtiger Tapetenwechsel aus einem Frankfurter Industrieviertel in eine historische Hofreite mit viel Flair im beschaulichen Altstadtkern von Groß-Bieberau.

Dreh- und Angelpunkt der Tapetenproduktion ist die Siebdruckmaschine »Julius«, die bereits seit den 1950er Jahren zuverlässig ihre Dienste tut. Zur Produktion der Tapete wird zunächst ein sogenanntes Negativ erstellt, indem in künstlerischer Handarbeit das Motiv mit schwarzer Tusche auf durchscheinendes Papier aufgetragen wird. Mit einer lichtempfindlichen Schicht lasiert, wird das Negativ auf dem Sieb platziert. Durch die darauffolgende Belichtung härten die Stellen aus, auf die das Licht traf und machen das Sieb partiell undurchlässig. So entstehen in liebevoller Detailarbeit handgedruckte außergewöhnliche Papiertapeten.

Besonders stolz ist die Manufaktur auf ihren Fundus an Jugendstil-Tapeten, die in Kooperation mit bedeutenden Künstlern ihrer Zeit wie Karl Eyth, Joseph Maria Olbrich, Hans Christiansen oder Charles Rennie Mackintosh entstanden sind. Viele der Auflagen sind streng limitiert, es handelt sich um einzigartige Unikate erstklassiger Qualität in Material und Druck.

www.hembus-tapeten.com

12 Schicke Wärme

Ofendesign – Gregor Hartmann
—> Ludwigstraße 71
63456 Hanau

Sprichwörtlich keinen hinter dem Ofen hervorlocken, davon kann bei Gregor Hartmann nicht die Rede sein. Ganz im Gegenteil. Was der ausgewiesene Ofen-Spezialist seit 1991 in seiner Manufaktur anbietet, sind mehr als nur wärmende Objekte, sondern immer auch Hingucker und schicke raumgestaltende Elemente, die das gesamte Ambiente aufwerten und damit auch die Lebensqualität steigern. Ofendesign eben.

An- und eingepasst in Räume, ihren Stil und ihre Atmosphäre, immer orientiert am architektonischen Umfeld und den Wünschen und Vorstellungen der Kunden. Was dabei alles in punkto Baumaßnahmen, Emissionen, nationalen und EU-Vorschriften beachtet werden muss, weiß Gregor Hartmann ganz genau. Denn der erfahrene Kachelofen- und Luftheizungsbauermeister ist immer auf dem neusten Stand, darauf können sich die Kunden verlassen. Entsprechend kompetent und realistisch ist die ausgiebige Beratung, die vor jedem Ofenprojekt steht.

Gregor Hartmanns Klassiker sind Kamine und traditionelle Kachelöfen in verschiedenen Größen und Ausführungen, aber auch moderne Kamine mit flacher Scheibe für den Wohnbereich. Auch für den Außenbereich bietet die Manufaktur die richtigen und besten Lösungen an. Vom fest installierten Grill, über den gemütlichen Kamin auf der Terrasse, bis hin zur wärmenden Feuerschale ist Gregor Hartmanns Ofendesign der richtige Partner für molliges Wohlsein am Feuer.

www.ofendesign.de
*Terminabsprache erforderlich

13

Geh mir ein wenig aus der Sonne …

Helios Sonnenuhren
—> Thorwaldsenanlage 1
65195 Wiesbaden

Fragt man Carlo Heller nach der Uhrzeit, schaut er auf seine Sonnenuhr, die punktgenau die Zeit anzeigt. Was für Laien wie ein Zaubertrick klingt, ist Ingenieurkunst vom Feinsten.

Heller, der sich schon als Kind für die Astronomie begeistern konnte, lässt in seinen Jugendtagen der Gedanke und die Realisierung von einer minutengenauen Sonnenuhr nicht los. Nach dem Maschinenbau-Studium und der Promotion gibt er dem Tüftler und dem Unternehmergeist in sich nach und gründet in Wiesbaden seine Manufaktur »Helios«, die Sonnenuhren in verschiedenen Größen herstellt.

Mit seiner Berufserfahrung als Ingenieur entwickelt Carlo Heller ein durchdachtes Produktionsverfahren und lässt die Sonnenuhren in einer aufwendigen Laserfertigung in Verbindung mit genauen optischen Messmethoden herstellen. Nach und nach erreicht er sein lang ersehntes Ziel und produziert Sonnenuhren mit minutengenauer Zeitanzeige.

Heute sind Hellers Uhren in Funktion und Design herausragende Objekte und vor allem alltagstaugliche Produkte. Neben dem Helios Sonnenring für unterwegs, der ersten tragbaren Sonnenuhr »Icarus« mit Weltkarte, auf der man jede Zonenzeit der Welt ablesen kann, ist die Helioswatch eine bei den Kunden beliebte Sonnenuhr, die wie jeder andere Zeitmesser am Handgelenk getragen wird und dabei nur die »heiteren Stunden zählt«.

Carlo Hellers Manufaktur fertigt auch größere Sonnenuhren für den Garten, den Balkon oder solche, die an de Wand installiert werden. Großartige Objekte für sonnige Zeiten.

www.helios-sonnenuhren.de
*Terminabsprache erforderlich

14

Der Klang des Barocks

Cembalobaumeister Christian Fuchs

—> nur online

Fast wäre es in der Vielfalt der Instrumente in Vergessenheit geraten, das Cembalo, dessen Tonumfang kleiner ist als bei einem modernen Klavier. Doch sein heller, obertonreicher markanter Klang fasziniert immer wieder und führt ohne große Umwege in die facettenreiche Musik des Barock, als das Tasteninstrument seine Blütezeit erlebte.

Christian Fuchs hat sich mit Leidenschaft und Passion dem einzigartigen Instrument angenommen und baut in seiner Manufaktur seit 1981 Cembali, die die Farbigkeit und Resonanz des »alten Klanges« eindrucksvoll zu neuem Leben erwecken. Eigene Studien historischer Instrumente, die traditionellen Arbeitsweisen, handwerkliches Können und Geschick, eine gute Portion Intuition und natürlich sorgfältig ausgesuchte Materialien sind die Garanten für herausragende Instrumente, die aus der Werkstatt von Christian Fuchs kommen.

Doch es sind nicht nur Cembali, die der Cembalomeister baut, auch Clavichorde, Virginale, Lautenwercke und Salterie, von denen Christian Fuchs bisher zwei verschiedene Modelle gebaut hat, werden in der Manufaktur hergestellt. Alle Instrumente entstehen nach historischen Vorbildern und sind Einzelstücke aus Meisterhand. Seine Nachbauten einer Doppelvirginale von 1623 nach Johannes Ruckers stehen in der Musikhochschule in Leipzig, sowie in der Schola Cantorum Basiliensis. Klangbeispiele der ausgewöhnlichen Instrumente können auf der Homepage angehört werden.

www.cembalo-fuchs.de

15 Da ist Musik drin

Musikinstrumente Freyer
—> Dillinger Straße 62, 61381 Friedrichsdorf

Simon Freyer hat an der Akademie für Tonkunst in Darmstadt studiert, ist Meister im Holzblasinstrumentenbau und betreibt seit 2004 in Friedrichsdorf seine eigene Meisterwerkstatt.

In seiner Manufaktur bietet Simon Freyer ein umfassendes Angebot rund um hochwertige Blas- und Blechblasinstrumente. Hier entstehen auch unter Berücksichtigung individueller Vorstellungen und Wünsche von Musikern handgefertigte Fagotte und Klarinetten in Einzelanfertigung. Eine der Kernkompetenzen der Manufaktur.

Nach dem Verkauf der handgefertigten Instrumente erhalten die Kunden eine umfassende Betreuung, sodass auch nach der Einspielzeit weitere Abstimmungen an dem Instrument vorgenommen werden können. Das weitere Leistungsspektrum geht von kleinen Reparaturen bis hin zur kompletten und intensiven Generalüberholung der Instrumente, inklusive Nachkontrolle.

Die Preise für Reparatur und Wartung richten sich nach den jeweiligen Anforderungen und natürlich nach dem individuellen Zustand der Instrumente. Damit es am Ende keine bösen Überraschungen gibt, werden die Kosten bei der Überprüfung der Musikinstrumente persönlich besprochen und festgelegt. Während der Generalüberholung können dem Kunden entsprechende Leihinstrumente kostenlos als Ersatz zu Verfügung gestellt werden. Daneben verleiht die Manufaktur auch Blasinstrumente zu fairen Preisen. Dazu hat sich Simon Freyer auch auf die Aufarbeitung von historischen Instrumenten spezialisiert, die bei dem Meister in guten Händen sind.

www.musikinstrumente-freyer.de

Als der Orgelbauer Otto Heuss Anfang der 1950er Jahre mit der Fertigung von Orgelspieltischen in einer kleinen Werkstatt anfing, konnte er nicht ahnen, dass sich daraus eine weltweit renommierte Firma für Orgelteile entwickeln würde. Rund 75 Jahre später bietet die Manufaktur

Alles für die Orgel

Orgelteile Otto Heuss

—> nur online

16

eine große Auswahl an hochwertig verarbeiteten Orgelteilen, dabei wird besonderer Wert auf die gute Bedienbarkeit und Ergonomie der Orgel gelegt.

Die familiengeführte Firma bietet traditionelle Holzmechanikteile ebenso an wie moderne elektronische Steuerungen. Immer auf der Höhe der Zeit, und immer mit dem erfahrenen Blick zurück und dem sicheren Gespür für Innovation nach vorne, um Bewährtes mit Neuem sinnvoll zu vereinen.

Die Orgelspieltische werden nach Wünschen der Kunden und Anforderungen an Funktion, Ergonomie und Design im Haus konzipiert, gezeichnet und aus hochwertigen Materialien handwerklich gebaut. Die passenden Orgelklaviaturen werden von erfahrenen Klaviaturbauern aus dem Holz der Hochgebirgsfichte gefertigt und mit hochwertigen und handverlesenen Belagsmaterialien wie Knochen und Edelhölzern aus aller Welt versehen.

Daneben bietet die Manufaktur alle Teile rund um die Orgel, vom Anschlusskabel für den Spieltisch bis zur Abdeckung für das Röhrenglockenspiel und das Stimmeisen. Im Jahre 2016 wurde die Manufaktur mit dem Bayerischen Staatspreis für besondere Leistungen im Handwerk ausgezeichnet.

www.ottoheuss.de

17

Der Ton macht die Musik

Gebr. Alexander – Rhein. Musikinstrumentenfabrik

—> nur online

In der Familie Alexander hat der Instrumentenbau eine lange Tradition, seit 1782 widmet man sich heute in siebter Generation mit Leidenschaft dem handwerklichen Bau feiner Orchesterinstrumente. Und natürlich ist die Zeit dabei nicht stehengeblieben. Überall dort, wo moderne Fertigungsmethoden sinnvoll anwendbar sind, ergänzen sie das traditionelle Handwerk. Auch neue wissenschaftliche Erkenntnisse im Instrumentenbau werden regelmäßig ausgewertet und in der Herstellung der Alexander-Instrumente berücksichtigt.

In der modernen Blasinstrumenten-Manufaktur, zu der auch eine Reparatur-Abteilung gehört, werden in besonders umweltschonenden Fertigungsverfahren die Teile aus Messing und Goldmessing in Form gebracht und letztendlich von erfahrenen Metallblasinstrumentenmachern in Handarbeit zu einem erstklassigen Instrument zusammengebaut. Durch spezielle Formen werden Toleranzen auf ein Minimum reduziert, um die gleichbleibende Qualität zu gewährleisten.

Ihr glänzendes Aussehen erhalten die Instrumente, die in die ganze Welt verkauft werden, in der eigenen Poliererei. Hier werden die Einzelteile vorpoliert und die fertig gebauten Instrumente erhalten ihr Finish. Nur durch wiederholte intensive Polierarbeit von Hand und an der Maschine erhalten die Instrumente ihren besonderen und typischen »Alexander-Tiefenglanz«. Eine Mainzer Traditionsmanufaktur mit glänzendem Weltruhm!

www.gebr-alexander.de

Musik aus Holz

J. Püchner Spezial-Holzblasinstrumentenbau

—> nur online

18

Seit vier Generationen sind die Püchners mit Leib und Seele Meister in der Herstellung von feinsten Holzblasinstrumenten. Traditionell in einer Werkstatt handgearbeitet mit der Erfahrung aus über 125 Jahren und immer auf der Basis neuster technologischer Erkenntnisse und in enger Zusammenarbeit mit führenden Musikern. Entsprechend lang ist die Referenzliste der Manufaktur, ein »who-is-who« der bekanntesten und berühmtesten Musiker und Orchester der Welt. Der Austausch mit den Musikern ist Gerald und Gabriele Püchner besonders wichtig, um Wünsche und künstlerische Anliegen mit dem fundierten Know-how abzugleichen und umzusetzen. Nur so spiegelt jedes Detail der Instrumente die herausragende Qualität und die profunde Erfahrung des Püchnerschen Handwerks wider und ist ein Garant für perfekte musikalische Klangbilder. Verarbeitet werden für die Produktion der Instrumente nur beste Materialien wie über 20 Jahre abgelagertes Grenadill- oder Bergahornholz, versilberte Mechanik und in besonderen Fällen Klappen aus Sterlingsilber. Jedes Instrument ist ein meisterliches Einzelstück, das in allen Details höchste akustische und handwerkliche Perfektion vereint. Dazu bietet die Nauheimer Manufaktur für ihre Instrumente einen umfassenden Wartungs- und Reparaturservice, um die Qualität, Präzision, Langlebigkeit und Wertbeständigkeit der Holzblasinstrumente zu sichern.

www.puchner.com

19

Bembel forever

Bembeltown
—> Tilsiter Straße 10
60487 Frankfurt

Seit rund 35 Jahren gibt es die kleine Frankfurter Manufaktur von Jürgen Schreiter, die sich ganz dem Bembel verschrieben hat. Hier gibt es für jeden Anlass den passenden Bembel, natürlich auch gestaltet nach individuellen Wünschen und Vorlieben. Mit Namen, Firmenlogo, Wappen und Sprüchen, zum Geburtstag, zum Abschied, zum Jubiläum oder zur Hochzeit. In Schwarz oder Weiß, oder ganz klassisch in Blaugrau. Hauptsache Bembel.

Daneben bietet die Manufaktur auch Weizenbierbecher in Bembel-Optik, Essteller, Schüsseln und Eierbecher, gerippte Kaffeebecher, ein kleines Handkäs- und ein Knoblauch-Dippe und natürlich Apfelweinbecher für das hessische Nationalgetränk. Wer auch im Garten nicht auf den Bembel verzichten möchte, für den gibt es als Outdoor-Deko die Gartenschnecke im Bembel-Design und Bembel-Kugeln in verschiedenen Größen.

Wer es gerne noch individueller mag, hat auf einer »Bembel-Party«, die auch als Firmen- und Kundenevent gebucht werden kann, die Möglichkeit, bei Apfelwein, Haddekuche, Laugenbrezeln und Bethmännchen unter fachkundiger Anleitung seinen Bembel selbst zu gestalten. Nach wenigen Tagen kann der fertig glasierte und gebrannte Bembel abgeholt werden. Im »Frankfurt Shirt Shop« der Manufaktur gibt es viele attraktive, witzige und bunte Bembel-Designs, die auf verschiedene Textilien und andere Produkte wie Tassen und Handyhüllen gedruckt werden können.

www.bembeltown.de

20

Zeitlos aus Überzeugung

indre Ceramics & Design – Marianne Steinborn

—> nur online

Keramik ist die Leidenschaft von Marianne Steinborn, sie liebt das Material und das, was daraus entstehen kann. Handgemacht, das versteht sich für die Gründerin von »indre« von selbst.

Mit ihrer Manufaktur hat sich Marianne Steinborn ganz dem Keramikgeschirr verschrieben, sie produziert vielseitige, funktionale und robuste Becher, Schalen, Bowls und Teller. Alles, was in ihrer Frankfurter Werkstatt entsteht, jedes einzelne Stück, hat im unverwechselbaren handgefertigten Look eine eigene, lebendige Note. Sanfte Farben und eine natürliche Haptik zeichnen das Steinzeug-Geschirr aus, unter dem Label »Nordic-Style« verbirgt sich ein Geschirr in überzeugend zeitlos schlichtem Design und harmonischen Farben. Bestechend klare Linien und praktische, zweckmäßige Formen sind die Basis der Kollektionen, funktionaler Alltags-Schick für jede Gelegenheit.

Natürlich hergestellt aus Naturrohstoffen, versehen mit lebensmittelechten Glasuren, spülmaschinenfest, mikrowellenfest und ofenfest bis 300 Grad Celsius. Ihre Designideen holt sich Marianne Steinborn aus dem bunten Leben, lässt sich inspirieren von ihrer Umgebung, von Farben, Formen, Stimmungen und Alltagssituationen. Dazu kommt ihre Passion für die skandinavische Schlichtheit, die sie in ihre Kreationen einfließen lässt. Die Einzelteile der »Studio Edition« werden mit viel Hingabe und aufwendiger Handarbeit in kleinen Stückzahlen produziert.

www.indreceramics.com

21

Feinstes Porzellan

Nitz Porzellan
—> Gutzkowstraße 10
60594 Frankfurt

Vasen kann man nie genug haben. Und natürlich auch Schalen, Teller und Tassen. Am besten aus feinstem französischem Limoges-Porzellan und frei mit der Hand gedreht in diffiziler Feinarbeit an der Drehscheibe. Sandra Nitz, eine ausgebildete Scheibentöpferin, die nach Gesellenjahren in Deutschland und Irland die Fachschule für Keramikgestaltung absolviert und in Australien und Neuseeland ihren Master of Arts mit Schwerpunkt Keramik gemacht hat, produziert in ihrer Werkstatt dieses feine Porzellan in Handarbeit.

Mit einer traumhaften Sicherheit gestaltet sie individuelles formschönes Porzellan mit einer hohen haptischen Qualität, die sich im Alltag bewährt und auch für den professionellen Gebrauch in Cafés oder Restaurants tauglich ist. Ihre Arbeiten sind auf das Wesentliche reduzierte Formen, auf den ersten Blick ernste und kraftvolle Gefäße ohne verspielte oder

dekorative Oberflächen. Stattdessen setzt Sandra Nitz auf pures, feinst geschliffenes Porzellan in ansprechenden Silhouetten, immer mit einem Schuss Ästhetik versehen.

Das Innere der Gefäße ist glänzend transparent glasiert, zuweilen auch in zarten Farbtönen gehalten und steht damit im Kontrast zum matten Weiß der handschmeichelnden Qualität der Gefäßaußenwand. Ihre Produkte sind unkompliziert, stapelbar, natürlich geeignet für die Mikrowelle und Spülmaschine und oft mit einem etwas dickeren Gefäßrand versehen, um die Gefahr von Abplatzern zu mindern. Werkstattbesuche sind möglich, wenn man kurz anruft und einen Termin vereinbart.

www.nitz-porzellan.de
*Terminabsprache erforderlich

22

Hervorheben statt Verstecken

From A to All

—> nur online

Die noch relativ junge Manufaktur steht mit ihrem Konzept für Einzigartigkeit, Kreativität, Qualität, Sauberkeit und Verspieltheit. Dahinter steckt die alte Kunst von Kintsugi, zerbrochene und nutzlose Keramik mit Gold zu reparieren. Mit dieser Inspiration hat die Firmengründerin Ana Llano profanen Beton mit den Lehren von Kintsugi verschmolzen, indem sie eine Prise Minimalismus und Geometrie hinzugefügt hat. Es ist die nahezu perfekte Verschmelzung von Kunst und Funktionalität, die Objekte in ein neues Dasein hebt: Hervorheben statt Verstecken von Fehlern als Teil der Historie des Objekts. Dadurch entstehen gleichsam stärkere, stabilere und schönere Stücke von beeindruckender Ästhetik und Funktionalität.

Alle Artikel werden nach höchsten Qualitätsstandards aufwendig und sorgsam von Hand gefertigt. Durch die Verwendung von nachhaltigen und ressourcenschonenden Verpackungen und recycelbaren Materialien ist die Manufaktur zusätzlich bestrebt, den CO_2-Fußbabdruck zu reduzieren.

Die außergewöhnliche Kollektion umfasst bemerkenswerte Schmuckstücke und exquisite Schmuckständer, gefertigt aus langlebigen Materialien, dazu geometrische Untersetzer, teils im Haku-Stil, aus dem umweltfreundlichen Jesmonite. Die »Incence und Candle Holders« zeichnen sich durch ein minimalistisches und elegantes Design aus, die jeweils eine unterschiedliche Funktionalität bieten. Die exklusiven und formschön designten Jesmonite-Tabletts, von Hand gegossen und mit einem Hauch von Gold versehen, sind ein Blickfang in jeder Inneneinrichtung.

www.fromatoall.com

Frau Wirtin, bitte ein Bembel

23

Bembel Maurer
—> Wallstraße 5
60594 Frankfurt

Was wäre Frankfurt ohne den Ebbelwoi? Und der ohne den Bembel? Spätestens seit der Unterhaltungssendung des Hessischen Rundfunks »Zum Blauen Bock«, die zwischen 1957 und 1987 über die deutschen Bildschirme flimmerte, ist das Frankfurter Nationalgetränk bundesweit bekannt. Und natürlich auch der formmarkante Bembel, aus dem das »Stöffche« traditionell ausgeschenkt wird. Der kommt natürlich auch aus Frankfurt, besser noch aus Alt-Sachsenhausen. Denn dort gibt es seit mehr als 50 Jahren den »Keramik Maurer«, ein wahres Bembelparadies und die erste Anlaufstelle für typische Frankfurter Apfelweinkrüge aus Steinzeug.

In der kleinen Manufaktur werden die traditionellen Bembel bis heute mit der Hand getöpfert und von Monika Maurer mit klassischen blauen Motiven bemalt. Erhältlich sind Bembel in vielen Größen und mit verschiedenen Motiven und Glasuren. Auch individuelle Sonderanfertigungen sind beim »Keramik Maurer« möglich. Das gilt auch für die Apfelweinglas-Deckel, die sich zum Abdecken der Apfelweingläser, die in Frankfurt Gerippte heißen, eignen und auf Wunsch individuell gestaltet werden können.

Doch damit nicht genug. Im Sortiment des sympathischen Familienbetriebs sind auch mit unterschiedlichen Motiven und witzigen Mundart-Sprüchen handbemalte Becher aus echtem Steinzeug in moderner Hochglanzglasur. Ein Bestseller ist der Becher »Eh ich mich uffrech is mers lieber egal«. Für

den Kaffee oder den Espresso gibt es ebenfalls das passende Gefäß mit Frankfurter Dekor.

www.keramik-maurer.de

Gudrun Vogel hat schon vor 40 Jahren ihr Keramik Atelier Erbslöh in Geisenheim eröffnet, zwei Jahre bevor sie ihre Meisterprüfung erfolgreich abgelegt hat. Begeistert

Keramik zum Verlieben

24

Keramik Atelier Erbslöh – Gudrun Vogel
—> Kreuzweg 23, 65366 Geisenheim

von Keramik und den vielen Möglichkeiten des Materials, die sich in Farben, Formen und den unterschiedlichen Herstellungsprozessen und Brenntechniken ergeben, war sie schon seit ihrer Lehrzeit.

Immer wieder Neues ausprobieren, Altes verbessern und die Spannung beim Öffnen der Ofentür: Für die gebürtige Mainzerin macht das den Beruf einer Keramikerin aus. Gudrun Vogel arbeitet in ihrer Manufaktur mit Westerwälder Steinzeugton und französischem Porzellan, dabei sind ihr eine klare Formensprache und Funktionalität besonders wichtig.

Alle Stücke sind freigedreht und von Hand bemalt. Die bleifreien Glasuren ihrer Produkte hat sie selbst entwickelt, gebrannt wird bei 1.280 Grad im Elektroofen. Neben Skulpturen und frostfester Gartenkeramik hat die Meisterin auch Geschirre für den täglichen Gebrauch im Portfolio.

Die Geschirrserie Schiefer besticht durch moderne Formen in schlichtem Design, die Stücke gibt es in den Farben Schiefer Uni, Schiefer Mint und Schiefer Schlamm. Die Produktionslinie Rose Spirale zeichnet sich dagegen durch ihr besonderes Farbspiel aus, innen sind die Stücke mit einer glänzend weißen Glasur versehen. Die Geschirr-Serien von Gudrun Vogel sind backofenfest und spülmaschinengeeignet. Zusammen mit ihrer Tochter Almut hat Gudrun Vogel zudem ein neues Label ins Leben gerufen, das für Lichtobjekte aus Keramik steht: www.agyatelier.com

www.keramik-erbsloeh.de

25

Sie ist eine der bekanntesten Manufakturen Hessens und kann auf eine bewegte Geschichte zurückschauen. Im Jahre 1746 als »Kurfürst-

Zerbrechliche Kunst

Höchster Porzellan-Manufaktur (HPM)

—> nur online

lich Mainzische Porzellanmanufaktur« gegründet, trägt sie bis heute das Mainzer Rad als Firmenzeichen. Anfangs wurden in der jungen Manufaktur in Höchst nur Fayencen hergestellt, erst im Jahre 1750 gelangen die ersten Porzellanbrände.

Nach internen Streitigkeiten und der vorübergehenden Schließung der Manufaktur wurde das Unternehmen 1765 in eine Aktiengesellschaft umgewandelt. Rund 20 Jahre später ging die Porzellanmanufaktur in den Besitz der Mainzer Hofkammer über, im Jahre 1796 wurde 50 Jahre nach der Gründung Konkurs angemeldet und das gesamte Inventar einschließlich der Formen und Modelle versteigert.

Erst 1947 erfolgte die »Wiederauferstehung« der Porzellanmanufaktur, in der Folgezeit wechselte der Betrieb mehrfach den Besitzer. Als Anfang Juni 2022 das Unternehmen erneut vor der Insolvenz stand, übernahm das Land Hessen die Vermögenswerte der Manufaktur und gliederte den Betrieb der Hochschule für Gestaltung Offenbach ein.

Die Hochschule wird den Betrieb der zweitältesten Porzellanmanufaktur mit einem neuen Konzept weiterführen und das handwerkliche und künstlerische Know-how für Forschung und Lehre nutzen. Derzeit gibt es noch keinen allgemeinen öffentlichen Shop, aber auf Bestellung wird die Manufaktur tätig und erfüllt individuelle Porzellan-Wünsche.

www.hfg-offenbach.de

GÄNSEBLÜMCHEN

Highlights aus Porzellan 26

Birgit Palt
—> nur online

Porzellan ist ihre Passion, Birgit Palt arbeitet schon lange fast ausschließlich mit hochwertigem Porzellan, seit rund 20 Jahren betreibt sie als freischaffende Künstlerin ihr eigenes Atelier in Rumpenheim. In ihrer Werkstatt entstehen in vielen Arbeitsschritten Geschirr, Lampen, Vasen und Kunstobjekte. Alles natürlich in bester Handarbeit und jedes Objekt ein Unikat.

Die Geschirr-Serie Dotty besticht nicht nur mit der Vielfalt der Formen und Größen, sondern auch mit einer breiten Farbpalette von zarten Pastelltönen bis zum kräftigen Rot. Sollte die Lieblingsfarbe nicht dabei sein, kein Problem. Birgit Palt ist offen für Anregungen und individuelle Wünsche, die im persönlichen Gespräch besprochen werden können. Ein im wahrsten Sinne des Wortes Highlight aus der Manufaktur sind die Lampenschirme aus Porzellan, die in verschiedenen Größen und in sämtlichen aktuellen Motiven erhältlich sind. Ob über dem Esstisch, als Steh- oder Wandlampe, das warme Licht zaubert einen ganz besonderen Glanz in jeden Raum.

Um der Weihnachtszeit einen zusätzlichen Glanz zu verleihen, hat sich die Porzellan-Künstlerin etwas Besonderes ausgedacht. Alle Objekte der Serie Dotty und die Vasen kann man vor Weihnachten mit goldenen Dekoren bekommen, ein ideales Geschenk rund um die festlichen Tage. Die »Heldinnen Serie« mit bunten Bechern und Schalen ist für Alltagshelden ebenso ein Muss wie die Modelle »Offenbach Schale« und »Offebecher« für Lokalpatrioten.

www.birgitpalt.de

Galerie und Töpferei in einem

Ile 22 – Pottery & Gallery
—> Nerostraße 22
65183 Wiesbaden

Ein bisschen getöpfert hat Sabine Wittmann bereits als Kind, doch bis zur eigenen Manufaktur und Kunstgalerie war es für die gebürtige Wiesbadenerin ein weiter Weg rund um die Welt.

In Nigeria groß geworden, studierte Sabine Wittmann in Berlin Architektur, lebte unter anderem in Australien und Irland und eröffnete im März 2021 ihre eigene Werkstatt in der Wiesbadener Altstadt. In der Ladengalerie kann man nicht nur ihre eigenen Werke bewundern, hier stellen auch andere Kunstschaffende ihre Objekte aus.

Sabine Wittmanns erste Tonfiguren, denen sie bis heute treu geblieben ist, waren die sogenannten »Il Iles«, kleine und knubbelige oder schmale und hohe Figuren aus Ton, teils bunt bemalt und trotz der puristischen Form immer ausdrucksstark. Auch Vasen und Keramik von Teller, Schüssel und Tasse bis zur Butterdose hat die Künstlerin im Portfolio, die in individuellen Formen und Farben gestaltet werden können.

Noch individueller, und ein ideales persönliches Geschenk, sind Wittmanns »People«. Figuren, die nach Beschreibung ganz persönliche Züge und Merkmale tragen, und in einem Vorlauf von rund vier Wochen auch nach Fotos hergestellt werden können. Wer wissen möchte, wie Töpfern funktioniert, kann mit bis zu drei Personen bei ihr einen Workshop an zwei Abendterminen in der Pottery buchen. Genauere Informationen dazu gibt es auf der Homepage.

www.ile22.de

27

28

Melanie Schmitt war viele Jahre in der Fashion- und Lifestylebranche zu Hause, bis sie ihre Leidenschaft für Düfte und das damit verbundene Parfümhandwerk entdeckte, die sie nicht mehr losließ.

Viele Reisen an die Côte d'Azur ermöglichten ihr den Einblick in das klassische Parfümhandwerk rund um die französische Parfümhauptstadt Grasse, sie lernte Parfümeure und ihre Duftinnovationen kennen und knüpfte Kontakte zu namhaften Herstellern hochwertiger Duftrohstoffe.

In einem kleinen Atelier in Antibes erlernte sie schließlich das Handwerk des Kerzengießen, daraus entstand die Idee zur Gründung ihrer Manufaktur und die Produktion von Duftkerzen und Raumdüften. Inspiriert von der Natur, von Reisen und Momenten, aber auch von Menschen und Erinnerungen, versprühen die Produkte von Melanie Schmitt kleine Duftwelten, verpackt in einem wunderschönen minimalistischen Design.

Hergestellt werden die attraktiven Duftprodukte aus hochwertigen, veganen und sauberen Inhaltsstoffen und umweltfreundlichen Materialien. Denn eine intakte Natur und Nachhaltigkeit liegen der engagierten Unternehmerin besonders am Herzen. Ihre Manufaktur bringt dabei nicht nur ihre Liebe und Leidenschaft zum mediterranen Savoir-vivre zum Ausdruck, sondern ist dazu eine Hommage an das traditionelle Handwerk und an erlesene Duftkreationen, die mit einer Symphonie von Aromen jeden Raum in eine Oase der Sinne verwandeln und zum Lieblingsplatz machen.

www.theolfactiveavenue.com

Dufte Idee

The Olfactive Avenue

—> nur online

29

Im idyllischen Dorf Eich in Rheinhessen liegt die Kerzenmanufaktur Candelae, ein Ort, an dem die Liebe zum Handwerk, ökologisches

Es duftet so schön

Candelae Duftkerzen

—> nur online

Bewusstsein und kreative Schöpfungskraft in harmonischer Einheit verschmelzen.

Die Manufaktur hat es sich zur Aufgabe gemacht, natürliche Duftkerzen zu kreieren, die nicht nur die Sinne berühren, sondern auch durch ihre Nachhaltigkeit und Umweltfreundlichkeit überzeugen. Das Herzstück der Kollektion bilden Duftkerzen, die aus einer innovativen Kombination von recycelten Weinflaschen, Sojawachs und natürlichen ätherischen Ölen gefertigt werden. Jede Kerze wird mit größter Sorgfalt und in reiner Handarbeit hergestellt, um sicherzustellen, dass sie nicht nur einzigartig und liebevoll gestaltet ist, sondern auch harmonisch in jedes Zuhause passt.

Candelae steht für ein tiefes Umweltbewusstsein, das sich in der Wiederverwendung von alten Weinflaschen manifestiert. Diese werden sorgfältig aufbereitet und in elegante Kerzengläser verwandelt, was nicht nur die Umwelt schont, sondern auch jedes Produkt zu einem Unikat macht. Die Kerzen bestehen aus Sojawachs, einer umweltfreundlichen Alternative zu herkömmlichem Paraffinwachs, das sauberer verbrennt, länger hält und frei von schädlichen Chemikalien ist.

Für die Duftnote sorgen ausschließlich natürliche ätherische Öle, die den handgefertigten Kerzen ihre authentische und angenehme Essenz verleihen. Eine wunderbare Symbiose aus Handwerkskunst, Nachhaltigkeit und Design aus Rheinhessen.

www.candelae.de

30.

Schönes aus Wachs

Wachsmanufaktur
—> Mombacher Straße 78
55122 Mainz

Echte Handarbeit und Kreativität stehen in der Wachsmanufaktur ganz oben! Das engagierte Team produziert mit Leidenschaft und Liebe zum Detail Kerzen in vielen Farben und Formen: nicht nur runde, sondern auch eckige, Kerzen in Kegelform, als Würfel oder in Form eines Eis. Viele davon schön bunt.

Im Angebot sind neben klassischen Tauf- und Hochzeitskerzen, Stearinkerzen, Rapswachskerzen und Paraffinkerzen natürlich auch Kerzen aus echtem Bienenwachs. Aber auch Vasen, Windlichter, Wachstücher und andere schöne und innovative Produkte kommen aus dem kleinen Mainzer Betrieb. Etwa Fassnachts-Teelichter und Fassnachts-Kegel, Motivteelichter »Weihnachten«, Teelichter in Regenbogenfarben, oder Tafelkerzen mit individueller Gestaltung. Ein Unikat ist der einzigartige Adventskalender, der mit 24 handgegossenen und handgetauchten Kerzen aus durchgefärbtem Paraffin und reinem Bienenwachs gefüllt ist.

Mit dem DIY-Bastelset »let it roll« bekommt man ein Set aus Bienenwachsplatten und Baumwolldocht, inklusive bebilderter Anleitung zum Rollen eigener Bienenwachskerzen. Oder man bestellt die Workshopkiste zum Ausleihen, in der ein Wachsschmelzgerät und sechs Kannen drin sind, die man zum Tauchen und Gießen von Kerzen oder Teelichtern benötigt. Jeden Donnerstagnachmittag öffnet die Werkstatt für Gäste, die ihre eigenen Kerzen gestalten, gießen und tauchen möchten. Eine Anmeldung ist erforderlich.

www.wachsmanufakturmainz.de

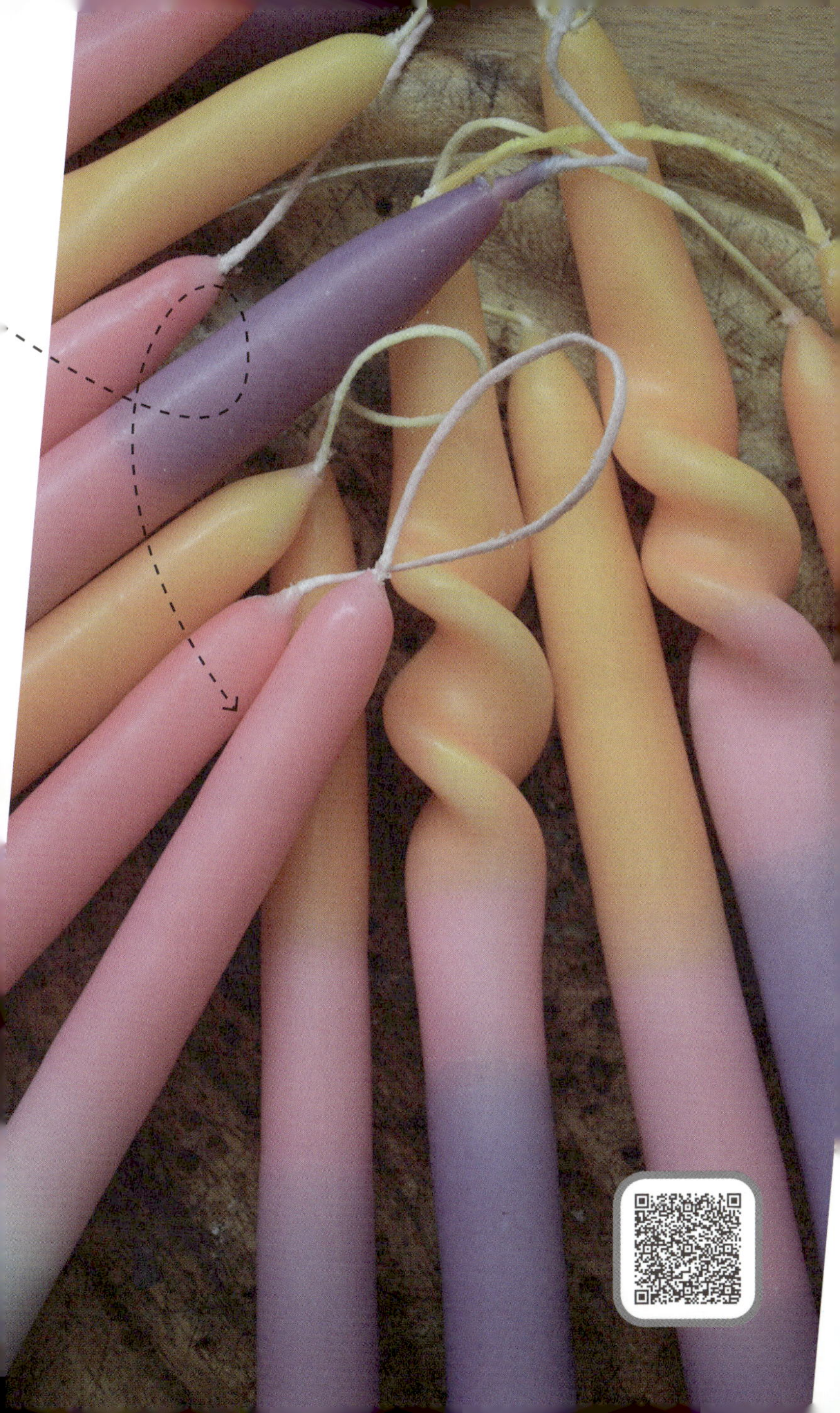

31

Pflege für Leib und Seele

Maria Rose
—> Ziegelhüttenstraße 64
64832 Babenhausen

Manchmal braucht man einfach nur etwas Entspannung und ein bisschen Hege und Pflege für Körper und Geist. Pflege, die dem hektischen Alltag standhalten kann und Balance schafft. Wenn es dann noch Körperpflege ohne Silikone, Parabene und Sulfate sein soll, hat man oft eine endlose Suche vor sich. In der Manufaktur von Maria Rose wird man fündig, denn die engagierte Unternehmerin hat für diese Ansprüche die passenden Pflegeprodukte selbst entwickelt.

Maria Rose ist sowohl der Name der Gründerin als auch der Name ihrer Manufaktur in Babenhausen. Dort entstehen qualitativ hochwertige Produkte zum Waschen, Pflegen und Wohlfühlen. Von Seifen, Salben und Haarpflege über Sheabutter-Varianten, Body-Butter

und diversen Badezusätzen bis hin zu spezieller Gesichts- und Lippenpflege und Deo-Creme kommt alles aus der kleinen Werkstatt. Eine attraktive Palette an Pflegeprodukten, die dem Körper eine nachhaltige Verschnaufpause verschaffen.

Gesunde Pflege für Leib und Seele, in den Produkten stecken nur so viele Zutaten wie nötig. Denn weniger ist mehr. Und noch mehr, wenn alle Rohstoffe von hoher Qualität sind und sich ihre Natürlichkeit voll entfalten kann. Hinzu kommt die praktische und flexible Anwendung im Alltag. Die pure Einfachheit macht Maria Roses Pflegeprodukte zu einem wohltuenden Begleiter für Groß und Klein an jedem Tag. Eine echte Wohltat kombiniert mit sinnlichem Vergnügen und das mit einem sorglosen Gefühl und gutem Gewissen.

www.maria-rose.de

32

Home sweet home

Kosmetikmacherei Lotte-Mathilda
—> Schillerstraße 8, 35510 Butzbach

Natürliche und nachhaltige Kosmetikprodukte mit großer Leidenschaft selbst herstellen, das macht Gabriele Stückrath-Adami seit rund 30 Jahren. In Butzbach in der Wetterau hat sie ihre kleine Manufaktur, alles spielt sich in ihrem Wohnhaus ab. Dort ist auch der kleine Laden eingerichtet, in dem sie mittwochs und jeden ersten Samstag im Monat ihre handgemachten Naturseifen und Kosmetikprodukte verkauft. Wer allerdings etwas braucht und nicht zu den Öffnungszeiten kommen kann, darf sich bei Gabriele Stückrath-Adami melden, um einen individuellen Abholtermin zu vereinbaren.

Im Angebot hat die engagierte Unternehmerin Kosmetik und Seifen, die sie aus natürlichen und qualitativ hochwertigen Inhaltsstoffen mit großer Leidenschaft herstellt. Alles Wohlfühlprodukte ohne Chemie, für die handgerührten Produkte wird kein Silikon, Mineralöle oder Mikroplastik verwendet. Die Seifen werden im traditionellen Kaltrührverfahren schonend hergestellt, enthalten hochwertige Pflanzenfette und sind vegan.

Auch die herrlich duftenden und nachhaltig pflegenden Körperöle, Bodybuttern und Körperpeelings sind »hausgemacht«, sie alle gibt es in verschiedenen Duftvarianten. Im Gesichtspflegeprogramm bietet Gabriele Stückrath-Adami jede Menge hochwertige Produkte in Bioqualität. Zum attraktiven Sortiment gehören auch Geschenkesets, bunte Seifensäckchen und handgetöpferte Seifenschalen. Ein rundes Angebot an Top-Produkten.

www.kosmetikmacherei.com

Ob man sich mit Ebbelwei die Haare waschen sollte, lassen wir mal dahingestellt. Aber die Seifenmanufaktur von Elke Simmel und Karin Huber hat ein Shampoo im Sor-

So schön kann sauber sein 33

Die Seifenmanufaktur

—> nur online

timent, das mit einem Schuss Ebbelwei hergestellt wird.

Und nicht nur das. Aus der »Ebbelwei-Serie« gibt es auch die passende Seife, ein Duschgel mit dem unverkennbaren fruchtigen Apfelduft und Aloe Vera Pflegeextrakt, Badesalz aus echtem Meersalz und die Ebbelwei-Seifentanne aus pflanzlichem Glyzerin als Basis für herrlich-hessische Weihnachten. Der ultimative Kick für alle Apfelweinfans in und um Frankfurt herum.

Die Seifenmanufaktur gibt es seit dem Jahre 2005, alle Produkte sind nachhaltig »handmade« und minimalst verpackt. Für dieses Konzept und dessen mutige Umsetzung wurden Elke Simmel und Karin Huber bereits mit dem Frankfurter und dem Hessischen Gründerpreis ausgezeichnet.

Neben Badekugeln in verschiedenen Duftvarianten, Duschgel und Shampoo bietet das kleine Unternehmen ein gut sortiertes Angebot an Seifen, zu denen auch die Rasierseife »Active Man« gehört. Aroma-Seifen werden unter anderem in den Varianten Grapefruit, Lavendel, Lemongras und Honigbiene angeboten. Dazu gibt es aromatische Mischungen aus Lavendel und Rosengeranie, aus Lavendel, Orange und Salbei oder in der Variante »Ostseestrand« aus Wacholder, Pinie, Rosmarin, Eukalyptus und Meeresschlamm. Zwei Spezialitäten im attraktiven Programm der Frankfurter Manufaktur sind die französischen Eselsmilchseifen in Bio-Qualität und die französische Ziegenmilchseife an der Kordel.

www.die-seifenmanufaktur.de

Nachhaltiger Luxus

BB Cosmetics Wiesbaden

—> nur online

Mit den Produkten aus ihrer Manufaktur zeigt Büsra Gür, dass nachhaltiger Luxus möglich ist und ein bewusster Lebensstil keinen Verzicht bedeuten muss. Die engagierte Unternehmerin vereint in ihren vielfältigen Pflegeprodukten die Vorteile der herkömmlichen Kosmetikindustrie mit den Vorteilen der schonenden Naturkosmetik und hat damit eine Marke geschaffen, die femininen und nachhaltigen Luxus bietet.

Dabei geht es um den Anspruch an die Wirksamkeit pflanzlicher Wirkstoffe und damit um das hautfreundliche Wohlgefühl im harmonischen Einklang mit der Natur. Klar im Fokus steht der spürbare Nutzen für die Haut. Entsprechend sind alle Produkte der nachhaltigen Kosmetik auf der Basis von naturreinen Hydrolaten hergestellt, die nicht nur pflegen und effizient wirken, sondern auch das sichere Gefühl von Luxus, Entspannung und Schönheit vermitteln.

Sich etwas Gutes zu tun, sich im Alltag mit schönen Düften und kostbaren Texturen zu verwöhnen und gleichzeitig das Pflegeritual zu genießen. Das sind die Ansprüche, die sich bestens mit den Prinzipien von Nachhaltigkeit und Umweltverträglichkeit verbinden lassen. Deswegen setzt Büsra Gür in ihrer Manufaktur auf vegane und tierversuchsfreie Naturkosmetik, hergestellt unter höchsten und transparenten Qualitätsanforderungen in ressourcenschonenden Produktionsprozessen und abgefüllt in Glas statt in Plastik. Ein nachhaltiger Luxus, der unter die Haut geht. Nur im Onlineshop erhältlich.

www.bbotanical.de

34

BOTANICAL
NEROLI SERUM
mit Salicylsäure
entzündungshemmend

35 Die Natur für Zuhause

Grüne Grazie – Wohlfühlwerkstatt

—> nur online

Sich wohl in seiner Haut zu fühlen, ist oftmals der Schlüssel zu einem rundum guten und positiven Lebensgefühl. Imke Schultz möchte mit ihren Produkten dieses Wohlgefühl erzeugen: sowohl auf der Haut als auch im Kopf und Bauch. Schon früh beschäftigt sie sich mit Naturkosmetik und rührt in der heimischen Küche Rezepturen zusammen, später im Labor während des Chemiestudiums.

Nach vielen Jahren in der Industrie hat sich Imke Schultz dazu entschlossen, ihre eigene Manufaktur zu gründen, um solide, hochwertige und nachhaltige Naturkosmetik herzustellen. Ein ganzheitliches Pflegekonzept für Haut und Haar. »Wohlfühlwerkstatt« nennt sie denn auch sinnigerweise die dahintersteckende Firma, die seit 2020 am Markt ist und Produkte verantwortungsvoll und nachhaltig produziert.

Das Portfolio umfasst Gesichtscremes für verschiedene Hauttypen aus hochwertigen Ölen und Pflanzenextrakten, feste Gesichtsreiniger auf der Basis von Zuckertensiden und Mineralerden und eine gute Auswahl an Gesichts- und Körperölen aus hochwertigen Rohstoffen in Bio-Qualität. Dazu hat Imke Schultz eine attraktive Auswahl an Naturseifen im Angebot, alle im Kaltsiedeverfahren aus Bio-Pflanzenölen und ätherischen Ölen hergestellt. Ihre sieben Deocremes sind eine natürliche, vegane und aluminiumfreie Alternative zu herkömmlichen Deos, ihr angenehmer Duft entsteht ausschließlich durch die sorg-

fältig komponierte Kombination ätherischer Bio-Öle.

www.gruenegrazie.de

Mutter Natur im Badezimmer

Meine kleine Manufaktur
—> Aschaffenburger Straße 47, 63500 Seligenstadt

Handgemachte Seifen sind nur ein kleiner Teil des Sortiments, das Valentina Schilenko in ihrer eigenen Manufaktur anbietet. Für jeden Tag und viele Gelegenheiten das passende Produkt, hergestellt aus sorgfältig ausgesuchten pflanzlichen Rohstoffen und milden pflanzlichen Tensiden.

Das Körperpflege-Angebot umfasst neben Deocremes in verschiedenen Duftvarianten, festen Shampoos, Peeling-Produkten auch Körpersahne, die nach dem Baden oder Duschen auf die warme und feuchte Haut aufgetragen und einmassiert wird. Zum Einstimmen empfiehlt sich die handgefertigte Pflanzenölseife »Happy Morning«, die mit Bio-Karottenöl, Karottensaft und einer großen Portion Kokosmilch für einen cremigen Schaum sorgt und dabei nach spritziger Zitrone duftet. Genau der richtige und erfrischende Wachmacher, um happy in den Tag zu starten.

Ein Klassiker der Manufaktur ist die Seife »Rosenzauber«, die aus Mandel- und Olivenöl, Bio Shea- und Kakaobutter hergestellt ist und mit rosa Tonerde gefärbt ist. Die wunderbar nach Orange und Vanille duftende Körpercreme, die auch als Handcreme verwendet werden kann, besteht aus Kakao- und Sheabutter in Bio-Qualität, Avocadoöl, Mandelöl, Bienenwachs und Vitamin E.

Für die Gesichtspflege bietet Valentina Schilenko Seife mit Aktivkohle und Palmarosa an, aber auch den sogenannten »Pickelkiller«, eine handgemachte Seife aus Oliven- und Traubenkernöl, bunten Tonerden und ätherischem Teebaum- und Salbeiöl. Die passenden Seifen-

schalen aus Holz, Emaille oder Keramik gehören ebenfalls zum attraktiven Angebot der kleinen Manufaktur.

www.mk-manufaktur.de

36

37

Nisse Kremser ist Frühaufsteher, morgens früh um vier aus dem Bett zu kommen, ist für ihn kein Problem. Denn Nisse Kremser beobachtet und fotografiert Vögel im Umland von Darmstadt. Und dafür ist die morgendliche Stille, wenn die Natur langsam erwacht, die beste Zeit.

An seinem Ziel angekommen, sucht er sich die beste Stelle, um sich so zu positionieren, dass er die Tiere in aller Ruhe und vor allem unbemerkt mit seiner Kamera einfangen kann. Immer wieder entdeckt er dabei Neues und Unerwartetes, manchmal vergehen Stunden, bis er das erhoffte Bild schießen kann. Oft entstehen so die schönsten und natürlichsten Aufnahmen. Manchmal geht er aber auch leer aus, dann war alles Warten und Hoffen umsonst.

Für Nisse Kremser ist das kein Problem, denn er hat sich auch dem Vogelschutz verschrieben, der ihm sehr viel bedeutet. Neben seiner Fotoarbeit möchte er Vogelarten, die gerade noch bei uns leben oder seltener werden, mit Hilfe von Nistkästen und geeigneten Futterplätzen vor dem Verschwinden aus der heimischen Natur bewahren.

Die besten Bilder zieht der Naturfotograf auf einen ultraleichten Schaum und versieht sie mit einem Klebestreifen, mit dem das 21 x 21 Zentimeter große Bild rückstandsfrei an die Wand oder direkt auf die Tapete geklebt werden kann. Hinter jedem der quadratischen Druckbilder steckt eine individuelle Fotogeschichte, die auf eine Karte geschrieben ist, die man zu seinem ausgesuchten Bild erhält. So erfährt man, wie das Foto entstanden ist und welches Tier darauf zu sehen ist.

www.naturerelb-nisse.de

Naturerleb-Nisse

NaturerlebNisse, Fotografie – Nisse Kremser

—> nur online

Ohne Druck läuft nichts

38

Print now – Riot later

—> nur online

Zwei Grafiker und Künstler mit der gemeinsamen großen Liebe zum Handwerk. Das sind Ellen Wagner und Axel Rössler, die vor rund zehn Jahren ihr Siebdruckstudio in Arizona in den USA gegründet haben, aber seit 2019 zurück sind in heimatlichen Gefilden und ihre handwerkliche Leidenschaft in neu eingerichteten Werkstatträumen in Maintal ausleben.

Textiler Siebdruck ist das Ding von Ellen Wagner und Axel Rössler, ein wichtiger Fokus liegt dabei auf den gestalterischen Möglichkeiten des Stoffmusterdrucks. Neben ihrer neuen Spezialisierung, dem Rapportdruck auf Meterware, setzen die beiden weiterhin auch serigrafische Arbeiten auf Papier um. Hier wie da machen sie qualitativ keine Kompromisse. Denn die Stoffe und deren Produkte sollen nicht nur toll aussehen und sich gut anfühlen. Beiden ist es wichtig, dass alle Materialien, das gilt auch für die verwendeten Farben, fair und nachhaltig produziert werden. Diese Maxime ist die Basis für das Repertoire aus eigener Kollektion, ausgesuchter Stoffmeterware für Interior Design und Wohnaccessoires.

Alle Produkte, wie etwa Vorhänge, Tischdecken, Kissen und Lampenschirme, aber auch Wandbehänge aus der kleinen Manufaktur sind selbstgestaltet und entstehen in liebevoller Handarbeit in der Maintaler Werkstatt. Gerne werden auch individuelle Auftragsarbeiten angefertigt, das Design kann selbst vorgegeben oder von Ellen Wagner und Axel Rössler entwickelt werden.

www.printnow-riotlater.com

39

Hier dreht es sich um die Schallplatte

Meine Plattform – Liv Denise Rippl
—> nur online

Wenn die Platte nicht mehr schallt, aber noch rund ist, macht Liv Denise Rippl aus der Schallplatte ein personalisiertes Einzelstück. Natürlich in individueller Handarbeit und nach Wünschen und Vorstellungen der Kunden.

Sie nennt das feinstes Vinylupcycling, am Ende kommt vielleicht eine Schallplattenuhr heraus oder ein Unikat mit Foto oder eine Schallplatten-Lampe. Die Möglichkeiten sind fast unbegrenzt, hier hat die Fantasie freien Lauf.

Für ihre Einzelstücke verwendet Liv Denise Rippl ausschließlich alte, nicht mehr abspielbare Schallplatten. Für die handwerkliche Produktion wird zunächst eine Vorlage erstellt, die Platte entsprechend bearbeitet und zum »stencil« umgewandelt. Danach wird per Frästechnik das Wunschmotiv aus der alten Schallplatte sorgfältig per Hand ausgeschnitten.

Sieht einfach cool aus und ist nicht an jeder Straßenecke zu bekommen – aber bei Liv Denise Rippl schon, die zudem auch Schallplatten-Lampen im Industrial-Style herstellt. Dafür wird die Sockellampe aus Rest- und Altholz in einer kleinen Schreiner-Werkstatt angefertigt und das Schallplatten-Unikat, das nach individuellen Motiv- oder Fotowünschen ausgefräst ist, einfach in den dafür vorgesehenen Schlitz gesteckt. Geliefert wird die Schallplatten-Lampe mit Fassung, Schalter, Stecker und LED-Leuchtmittel. Mit schwarzen Metallbügeln und dem natürlichen Look des Holzes ist die Lampe robust und elegant zugleich. Und ein originelles rundes Geschenk.

www.meine-plattform.de

Die schönste Beziehung zum Holz

Ankermühle

—> nur online

Vielleicht hätte es keinen besseren Ort geben können als die Ankermühle inmitten des Rheingaus, zwischen Weinbergen, Wäldern und Flussauen, an einem uralten Ort mit Seele und Geschichte. Hier hat Holger J. Bub seine Werkstatt, in der er nach drei wilden und leidenschaftlichen Jahrzehnten als Kreativer in der Werbebranche endlich geerdet wurde.

Es beginnt mit der sorgfältigen und zum Teil sehr aufwändigen Suche und Auswahl des Holzes. Bevorzugt wählt Holger J. Bub für seine Arbeiten heimische Arten wie Eiche, Buche, Ahorn oder auch Weinreben, deren Kraft er in organische Formen verwandelt. Oft nass gedrechselt, entfaltet sich das Holz ob der in ihm seit vielen Jahren gefesselten Spannungen, verformt sich, reißt und enthüllt damit seine wahre Gestalt.

Holger J. Bubs Arbeit an der Drehbank ist ein sorgfältiger Prozess, bei dem jede Kurve und Vertiefung direkt aus dem Herzen des Holzes herausgearbeitet wird. Seine Beziehung zu diesem Material ist ein Dialog, eine fortwährende Suche nach der idealen Form, die sich organisch offenbart. Nach dem Formen verleiht das Schleifen, Färben und Wachsen dem Holz neuen Glanz und hebt seine natürliche Schönheit hervor.

Die Objekte von Holger J. Bub sind nicht nur dekorativ, sondern spiegeln auch seine tiefe Wertschätzung für die Natur wider. Sie sind mit der Hoffnung gefertigt, dass sie diejenigen ansprechen, die die Schönheit in der Natur erkennen und schätzen.

www.ankermuehle.de/360-holz

40

Wie zu Gutenbergs Zeiten

Die Hochdruckzone

—> Luisenstraße 63, 63067 Offenbach

41

Dass Papier geduldig ist, sei mal dahingestellt. Denn letztendlich kommt es darauf an, wie es sich anfühlt und was darauf zu sehen ist. Die Offenbacher Manufaktur hat sich nicht nur historischen Drucktechniken verschrieben, sondern bietet auch eine Auswahl besonderer und exklusiver Papiere verschiedener Hersteller, deren Haptik sich vom Gewöhnlichen unterscheidet. Deutlich und spürbar unterscheidet!

Wer also das exklusive Gedruckte sucht, traditionell wie zu Gutenbergs Zeit hergestellt, findet in der Offenbacher Manufaktur den richtigen und kompetenten Partner. Der bietet handgedruckte Postkarten, Grußkarten, Glückwunschkarten, Weihnachtskarten, Lesezeichen, Untersetzer, Poster und natürlich Visitenkarten in vielerlei Varianten.

Statt digital spielt hier noch die Handarbeit die zentrale Rolle. Denn gedruckt wird mit traditionellem Bleisatz, Holzlettern und mechanischen Druckpressen, größtenteils ohne Strom. Auf Wunsch kann auch mit der aufwendigen und zeitintensiven Letterpress gedruckt werden. Dafür wird ein Stempel oder ein Druckklischee mit Motiv, Logo oder Schrift hergestellt, das in das Papier gepresst wird, damit eine Vertiefung erzeugt und jedes Druckprodukt zu einem Unikat macht.

Zum Angebot der Manufaktur gehören auch die Fertigung von individuellen Auftragsarbeiten und Druckworkshops zu ausgesuchten Themen, bei denen die Gäste unter fachkundiger Anleitung ihre eigenen Kreationen drucken können.

www.die-hochdruckzone.de

Es grünt so grün

Evergreen Manufaktur

—> nur online

42

Moos an der Wand kann richtig schön sein. Aber nur, wenn es Profis wie die Manufaktur Evergreen angebracht haben. Das familienbasierte Start-up hat sich nämlich zum Ziel gesetzt, mit ihren Produkten die Verbindung zwischen Mensch und Natur aktiv zu stärken. Und das obwohl die

meisten Menschen den Großteil des Alltags drinnen verbringen. Also rein in die gute Stube mit der Natur!

Evergreen ist spezialisiert auf die handgefertigte Herstellung und den Verkauf von Kunstwerken aus stabilisierten und konservierten Pflanzen und europäischen Moosen. Von der Beratung bis zur Installation bietet das junge Unternehmen aus Schlangenbad alles aus einer Hand, immer begleitet von einer ordentlichen Portion Leidenschaft und mit viel Liebe zum Detail. Was dabei an die Wand kommt, sind sichtbare Naturinspirationen, konservierte Moos- und Pflanzenkunst, die keine Pflege und kein Gießen benötigen, jedoch jahrelang frisch bleiben.

Die grünen Kunstwerke, die sich auch positiv auf das Raumklima auswirken und Orte des Wohlbefindens schaffen, sind allergenfrei, ungiftig, schallabsorbierend und staubabweisend. Eine feuchtigkeitsregulierende Kunst, dazu ein ästhetisches Element und eine kleine grüne Oase innerhalb der Raumgestaltung. Und natürlich ein echter Hingucker, denn alle Produkte aus der Manufaktur Evergreen sind Unikate und können ganz nach Wünschen und Vorstellungen, egal ob Freiform oder Sondergröße, individuell gestaltet werden.

www.evergreen-manufaktur.de

Musik sehen

43

NEONBLINKS – Wibke Glück

—> nur online

Dass Wibke Glück immer wieder auf ihren Nachnamen angesprochen wird, ist verständlich. Wer möchte nicht so eng mit dem Glück verbunden sein? Doch Wibke Glück wird auch auf ihre Kunst angesprochen. Kein Wunder, die gelernte Grafikdesignerin macht und gestaltet Kunst, die auffällt und dabei ein wenig aus dem Rahmen fällt.

Denn die sympathische Glücksfrau hat sich auf die Malerei von Beats fokussiert, malt mit Fineliner, Tuschen und neonfarbener Acrylfarbe, und verbindet dabei die Freude des Hörens von Musik mit der Kreativität der Malerei.

Wibke Glück malt Musik, elektronisches Gefrickel. Und das ohne Korrekturen, sie malt was und wie sie es will. Aus einem Moment heraus, aus der Lust heraus, kreativ zu sein. Zum Glück. Denn was damit auf die Leinwand kommt, sind außergewöhnliche visuelle Erlebnisse, die die Betrachter emotional ansprechen. Abstrakte Malereien im Kleinformat, Unikate mit Hinguck-Effekt. Ihre Gemälde sind eine Art musikalische Landschaft, in der Linien, Formen und Farben zu einem Ganzen verschmelzen.

Musik sehen, dabei Malerei ein wenig hören und beides zusammen gefühlt erleben. Es entstehen getanzte Linien, tiefschwarzes und leuchtendes Gefühl. Initialzündung für gute Laune, intuitive Kunst, die immer und jeden bewegt. Auch die Künstlerin selbst, deren beste und einfachsten Ideen beim Joggen in der Natur kommen. Zum Glück auch Neonblinks.

www.neonblinks.de

44

In besten Händen

Evelyn Toomistu Design
—> Atelier Schwedlerstraße 1 – 5
60314 Frankfurt

Wer seinen Händen etwas Gutes tun möchte, der ist bei Evelyn Toomistu wahrlich in den besten Händen. Denn die diplomierte Mode-, Textil- und Lederdesignerin entwirft und vertreibt seit fast 25 Jahren ihre eigenen maßgefertigten Handschuhe.

Traditionell in fachgerechter Handnaht qualitativ und hochwertig produziert, setzt die Unternehmerin bei ihren Handschuhen vorwiegend auf klassisches, klares, zeitloses und entsprechend nachhaltiges Design. Dabei lässt sie sich von aktuellen Trends genauso inspirieren wie von der Kunst- und Modegeschichte.

Das Handschuhleder Lammnappa bezieht Evelyn Toomistu vor allem aus Europa, das edle Peccaryleder von Wildschweinen aus dem Amazonas kommt direkt aus Peru. Neben einem gut sortierten Standardsortiment bietet die Manufaktur auch Handschuhe für Kunden an, die im Laden keine passende Größe für sich finden, sei es wegen unpassender oder ungleicher Fingerlängen, fehlender Finger oder orthopädischer Eigenarten.

Individuelle Wünsche bei der Gestaltung und Verarbeitung der Handschuhe können ohnehin immer nach Rücksprache berücksichtigt werden. Denn eine gutsitzende Passform ist die Voraussetzung für die Langlebigkeit der handgenähten Handschuhe. Im hauseigenen Showroom können die möglichen und gewünschten Designs besprochen und aus einer Vielzahl an Lederarten und Farben das Passende ausgesucht werden. Dafür nimmt sich Evelyn Toomistu immer ausreichend Zeit, bei ihr ist jeder Handschuh-Kunde in den besten Händen.

www.evelyntoomistu.com
*Terminabsprache erforderlich

45 Zeitlose Lederwaren

Kasaque Leather
—> nur online

Nachhaltigkeit, Umweltverträglichkeit und Langlebigkeit sind die drei wichtigsten Merkmale der Lederwaren, die Samuel Quelle in seinem Atelier in Frankfurt designed und handwerklich herstellt. Dazu kommt der »handmade«-Touch von Perfektionismus und natürlich die Liebe zum Schönen, was die Optik, die Haptik und nicht zuletzt die kleinen Details angeht, die dem Produkt eine besondere und persönliche Note geben.

Samuel Quelles Lederwaren sind denn auch greifbare Gegenmodelle zur schnelllebigen Konsumgesellschaft und der Fast Fashion Modeindustrie, deren Produktion nur auf eine Saison ausgerichtet ist. Mit teilweise gravierenden Folgen für Umwelt, Mensch und Natur. Samuel Quelle wollte etwas anderes kreieren, Produkte mit Langzeitcharakter, handwerklich hergestellt aus weitgehend natürlichen Ressourcen ohne Chemie.

So entstehen heute in seinem Atelier handgemachte Lederwaren aus pflanzlich gegerbtem Leder, einem traditionellen, umweltschonenden Verfahren. Die aus Naturleder hergestellten Produkte sind nicht nur langlebig und damit nachhaltig, sie verändern mit der Zeit ihre Haptik und ihr Aussehen, und werden damit zu charaktervollen, individuellen Lederwaren. Zeitlose, praktische, robuste, ästhetische und schöne Begleiter für lange Jahre, teils kombiniert und verziert mit Messing oder Edelstahl. Das Portfolio reicht von Leder-Ohrringen über Portemonnaies, Lederschalen, Leder-Fliegen, Luxus-Armbändern, Gürteln und Mappen bis zu großen Ledertaschen.

www.kasaqueleather.de

EAST RIVER
EAST VILLAGE
LITTLE ITALY
CHINA TOWN
KASAQUE

Das Handwerk der Gerber

Luneta Lederwerkstatt
—> Krämerstraße 6, 63450 Hanau

46

Luneta heißt im deutschen Schlichtmond und ist der Name eines Werkzeugs, das von Gerbern verwendet wurde, um das Fett von den Fellen und Häuten abzukratzen. Eine aufwendige handwerkliche Tätigkeit, der sich die Hanauer Manufaktur bis heute verbunden fühlt.

Seit über 15 Jahren werden in der Werkstatt handwerklich produzierte Lederwaren aus rein pflanzlich gegerbtem und chromfreiem Rindsleder hergestellt. Vom ersten Entwurf bis zum Finish kommt alles aus einer Hand, die Manufaktur verknüpft dabei langjährige Erfahrung aus dem traditionellen Beruf des Feintäschners und Sattlers mit den Anforderungen an eine moderne und wirtschaftliche Produktion. Schlichte und zeitlose Schönheit und Eleganz kennzeichnen die hohe Qualität der in Hanau hergestellten handgenähten Lederwaren, die sich durch eine besonders lange Haltbarkeit auszeichnen. Jede Lederware ist ein aufwendig handgefertigtes Unikat.

Neben exklusiven Maßanfertigungen, der Produktion von Handtaschen und Aktentaschen fertigt die Manufaktur auch Gürtel nach Maß an, arbeitet antike Lederwaren auf und bietet einen umfangreichen Reparaturservice. Auch Sattlerarbeiten wie das Polstern und Ändern von Sätteln und das Reparieren von Reitsportzubehör gehören zum Portfolio der Manufaktur. Wer mehr zum Thema Lederarbeiten wissen möchte, kann einen vierstündigen Anfängerkurs buchen, der jeweils samstags in

den Räumen der Lederwerkstatt
in Hanau stattfindet.

www.luneta-lederwerkstatt.de

47

Handwerkliche Präzision

Kreis Ledermanufaktur

—> nur online

Angefangen hat die Erfolgsgeschichte der Ledermanufaktur mit Erich Kreis, der im Jahre 1963 das Unternehmen mit der Idee gegründet hat, beste Lederwaren in meisterhafter Verarbeitung anzubieten. Bis heute hat sich an dem Anspruch nichts geändert, der Familienbetrieb setzt auch in dritter Generation auf das funktionierende Zusammenspiel zwischen handwerklichem Können, Leidenschaft und viel Liebe zum Detail, und höchsten Ansprüchen an die Qualität der Produkte.

Die Manufaktur ist dafür bekannt, nur Leder der weltweit renommiertesten Gerbereien zu verarbeiten und die daraus entstehenden Produkte so zu gestalten, dass die charakteristischen Eigenschaften des Leders optimal zur Geltung kommen. Ob bei den Nähten, den Oberflächen oder Kanten: Die handwerkliche Präzision aus dem Hause Kreis kann man sehen und fühlen.

Das breite Sortiment, das heute in die ganze Welt geliefert wird, umfasst ein attraktives Angebot an Gürteln in vielen Längen und Farben, klassischen Aktentaschen mit und ohne Metallteile, stilvollen und komfortablen Reisetaschen und Accessoires wie Cardcases, Uhrbänder, Keyholder, Brillenetuis und natürlich klassischen Portemonnaies. Auch Sonderanfertigungen und Neuentwicklungen bietet der Traditionsbetrieb auf Wunsch an, die so nicht in der Kollektion zu finden sind. Alle Kreis-Lederwaren werden ausschließlich und vollständig in der Obertshausener Lederwaren-Manufaktur hergestellt.

www.kreis-ledermanufaktur.de

48

Ein Familienunternehmen in fünfter Generation: Das ist selten und spricht für die umfassende und konstante Qualität der Manufaktur. Was Carl-Heinrich Hammann im Jahre 1864 in Offenbach gründete, ist heute der älteste Hersteller von Lederwaren und persönlichen Reiseaccessoires, der seit dem Jahre 1994 von Hans-Christian Hammann geleitet wird. Produziert wird wie zu Gründerzeiten zu 100 Prozent in der eigenen Werkstatt in Offenbach, hier konzentriert man sich auf das Entwerfen und Fertigen von besonderen Lederwaren.

Qualität ist seit eh und je das oberste Gebot der Manufaktur, die Liebe zum Detail und die Leidenschaft für das Täschner-Handwerk garantieren nicht nur die hochwertige Verarbeitung der Lederwaren, sondern auch deren Langlebigkeit. Exklusive Lieblingsstücke, die einen ein Leben lang begleiten, teils von Generation zu Generation weitergegeben werden.

Sollte dann doch mal etwas kaputtgehen, steht den Kunden ein umfangreicher Reparaturservice zu Verfügung. Für alle Modelle verwendet das Unternehmen ausschließlich naturbelassene Vollleder europäischer Herkunft, die exklusiv für die Offenbacher Manufaktur unter

strengen Umweltvorschriften gegerbt werden. Bei der Innenausstattung der Modelle wird bewusst auf Stoffe zur Fütterung verzichtet, dafür wird ausschließlich Leder verwendet. Das umfangreiche erstklassige Sortiment der traditionsreichen Manufaktur lässt für Männer und Frauen kaum Wünsche offen.

www.fhammann.com

Finest Leathergoods

F. Hammann

—> nur online

49

Wenn der Trolley durch den engen Gang im Flugzeug geschoben wird, geht es meist um Kaffee oder Tee. Wer einen solchen Luftfahrt-Klassiker zu Hause schieben möchte, ist bei Tobias Nottebohm und seinem Team an der richtigen Adresse gelandet.

Denn der Pilot startete im Jahre 2009 seine Manufaktur, die ausgemusterte Flugzeugtrolleys restauriert und generalüberholt, damit sie in verschiedenen individuellen Ausstattungen und speziellen Editionen eine zweite Karriere starten können. Kleine Krat-

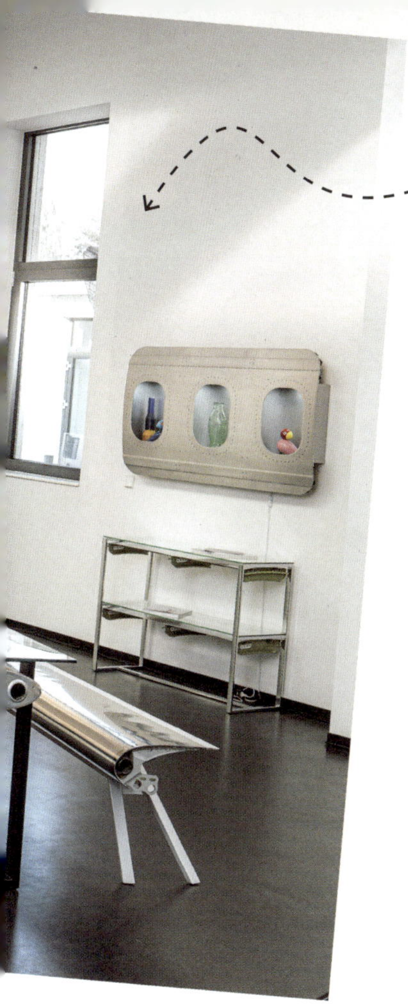

Take off

VanDeBord
—> Robert-Bosch-Straße 1
63755 Alzenau

zer, Schrammen, Dellen und ein bisschen Patina im Aluminiumrahmen bleiben dabei bewusst erhalten, um den authentischen Charakter der originalen Luftfahrtmöbel zu unterstreichen.

Für die gründlich gereinigten und vollständig funktionstüchtigen Trolleys gibt es passende Ausstattungspakte, etwa als Bar, Wäschetrolley oder für Büro und Homeoffice. Fabrikneue Trolleys in großer Auswahl und hochwertigen Designs, die noch nie geflogen, dafür aber in Bestzustand sind, bietet die Manufaktur ebenfalls an.

Auch nachhaltige Design-Möbel mit Luftfahrt-DNA wie das Flugzeugfenster als Spiegel oder Bilderrahmen, oder die Tische aus Flugzeugteilen, die von außer Dienst gestellten Flugzeugen stammen, gehören zum attraktiven Angebot der Flugzeugmöbel Manufaktur. Im flexiblen Regalsystem »Flying Wall« können sich die Kunden aus echten Flugzeugtrolleys und Bord Boxen ein fliegendes Wandregal nach individuellen Stauraum-Wünschen zusammenstellen. Dann nichts wie hin zum Check in.

www.vandebord.de

50

Brigitte Meffert nennt man mit Augenzwinkern auch die »Stuhlretterin«. Jahrelange praktische Erfahrung und eine entsprechend umfangreiche Expertise machen sie

Sitzen bleiben

KAREKLA Stuhlflechterei & Restauration
—> Wittelsbacherallee 74, 60385 Frankfurt

zu einer Spezialistin in Sachen Restauration von Stuhlgeflechten. Dazu repariert und arbeitet Brigitte Meffert in ihrer Werkstatt antike Stühle aus verschiedenen Epochen auf, sei es Biedermeier, Gründerzeit, Jugendstil oder Chippendale.

Ausschließlich traditionelle und authentische Werkstoffe und Materialien werden bei der Restaurierung von antiken Stühlen verwendet, um dem Originalzustand möglichst nahezukommen. Dazu gehören neben den Verleimarbeiten auch das Beizen und Lackieren und letztendlich die Anpassung von Farbtönen.

Und natürlich stehen die legendären Thonet-Stühle im Fokus ihrer handwerklichen Arbeit, vor allem in der fachgerechten Erneuerung und Reparatur der Stuhlgeflechte von Thonet-Freischwinger liegt die Kernkompetenz der Frankfurter Manufaktur von Brigitte Meffert. Das klassische und zeitlose Modell mit Stahlrohr, das seit fast 100 Jahren am Markt ist und in der Gastronomie, in Konferenzräumen und Kanzleien genauso wie im privaten Bereich anzutreffen ist, wird in aufwendiger Handarbeit originalgetreu aufgearbeitet oder repariert.

Auch die handwerkliche Reparatur und Aufarbeitung des klassischen Thonet-Kaffeehausstuhls mit seinem Wiener Geflecht gehört zum Angebot der Frankfurter Werkstatt. Ebenso werden hier unrestaurierte antike Stühle nach individuellen Wünschen neu gestaltet und in zeitlose Einzelstücke verwandelt.

www.karekla.de

51

Architektur, Kunst und das Schreinerhandwerk sind die drei Säulen, auf denen die Manufaktur im Jahre 1998 von Sabine Mühlbauer und Thomas Tritsch gegrün-

Die Kunst der Schreinerei

Morgen Interiors
—> Lindleystraße 5, Wasserseite, 60314 Frankfurt

det wurde. In ihrer Location im Frankfurter Osthafen ist alles unter einem Dach: Werkstatt, Lager, Büro und Laden. Ein gastlicher Ort für Kunden und Freunde, hier entstehen aus Ideen, Visionen und Wünschen handwerkliche Einzelstücke von erstklassiger Qualität.

Die muss nicht teuer sein, die Manufaktur hat sich in jeder Beziehung Balance auf die Fahne geschrieben und setzt die Kundenwünsche zu moderaten und fairen Konditionen um. Dabei steht natürlich das Holz im Mittelpunkt der Arbeit, aus der Natur genommen, soll aus ihm nur das möglichst Beste geschreinert werden. Bewusst und nachhaltig, kunstvoll und gleichsam praktisch.

In der hauseigenen Schreinerei werden Küchen, Garderoben, Waschtische, Sideboards, Tische und viele andere Möbelstücke produziert. Individualität ist dabei ein Hauptaugenmerk der Manufaktur. Konstruktive und räumliche Besonderheiten werden dabei genauso in die Planung integriert wie Funktionalität und die individuelle Symbiose von Mensch, Raum und Material unter dem Aspekt einer durchdachten, behutsamen und nachhaltigen Kombination. Was erfahrene Designer und Architekten zusammen mit den Kunden planen, wird von den Schreinern aus ausgewählten und nachhaltigen Materialien mit bestem Handwerk perfekt und passend umgesetzt.

www.morgen.org

Alte Möbel in neuem Glanz

Christoph Dettmering – Restaurator – Tischlermeister
—> Salzschlirfer Straße 18, 60386 Frankfurt

Christoph Dettmering ist in jeder Beziehung ein Meister seines Faches. Der Restaurator und Tischlermeister gehört zu den ausgewiesenen Spezialisten, wenn es um die Restaurierung und den Erhalt von alten und historischen Möbeln und Holzobjekten geht. Restauriert und konserviert wird in der Frankfurter Meisterwerkstatt nach den anerkannten Prinzipien der Denkmalämter, Fachhochschulen und großen Museen, um wertvolle Patina und Alterungsspuren und damit den individuellen Charakter des Möbelstückes zu erhalten.

Christoph Dettmering und seine Mitarbeiterin Sylke Rös arbeiten mit traditionellen handwerklichen Methoden, immer unter besonderer Berücksichtigung der Identität des Objektes. Nur so lassen sich der künstlerische und repräsentative Charakter eines historischen Möbels oder Holzobjektes erhalten, die für eine gelungene Restaurierung von essentieller Bedeutung sind.

Was alles in dem Restaurierungs- oder Konservierungsprozess passieren wird, bespricht Christoph Dettmering vorab mit seinen Kunden. Die Leistungen der Frankfurter Manufaktur umfassen neben der unverbindlichen Beratung direkt vor Ort und den klassischen individuellen Reparaturarbeiten auch das Ergänzen und Rekonstruieren ausgebrochener oder fehlender Teile, künstlerische Ergänzungen fehlender Intarsien in allen Holzarten, das Reinigen von Oberflächen, das Regenerieren von alten Polituren und Oberflächenerhaltung, Schellackpolituren, Polsterarbeiten, Stuhlgeflechte, Versicherungsgutachten, Expertisen und Gut-

achten sowie die kompetente Beratung beim Kauf von Antiquitäten.

www.dettmering-restaurator.de
*Terminabsprache erforderlich

52

Der Schirm macht das Licht

Lampenschirmstudio Barth
—> Schneckenhofstraße 15
60596 Frankfurt

53

Lampenschirme dienen nicht als nur Filter für das Licht, sondern sind oft auch Designobjekte, die die Lampe schmücken und Räume individuell und stilgerecht mitgestalten. Doch ist der Schirm kaputt, entspricht nicht mehr dem Geschmack oder passt nicht mehr zur Einrichtung, ist ein adäquater, vor allem passender Ersatz nur schwer zu finden.

Es sei denn, man macht sich in die Schneckenhofstraße nach Sachsenhausen auf. Denn dort betreibt Kathrin Barth ihr Lampenschirmstudio, das für alle Fälle und alle Lampen eine Lösung parat hat. In der kleinen Werkstatt hinter dem Ladengeschäft, in dem eine Vielzahl von extravaganten Lampen zum Verkauf steht, werden Lampen rundum auf Vordermann gebracht. Sei es, dass die Lampe neu verkabelt werden muss, der Fuß eine neue Versilberung oder Aufpolierung gebrauchen kann oder eine Skulptur, Vase oder Kaffeemühle zur Lampe umgebaut werden soll.

Doch das Hauptaugenmerk liegt auf der handwerklichen Herstellung von individuellen Lampenschirmen. Dafür hat Kathrin Barth eine Vielzahl an Gestellen in allen Größen und Formen für Tisch- und Stehlampen auf Lager. Welche Farbe der Schirm bekommen und aus welchem Material, etwa Stoff auf Karton oder Lackkarton, er gefertigt werden soll, da können sich die Kunden vollends auf die Erfahrung und Expertise der Lampenschirmdesignerin verlassen. Auch Lampenschirme mit verschiedenen Wischtechni-

ken, ebenso ganze Kollektionen für Hotel- und Restaurantausstattungen fertigt Kathrin Barth individuell an. Alles in bester Handarbeit!

www.barth-lampen.de

Die Meisterwerkstatt

Holunder Hof – Sigrun Horn
—> Frankfurter Straße 21
65779 Kelkheim

54

Vor mehr als 40 Jahren als kleines Geschäft eröffnet, ist der Holunder Hof von Sigrun Horn in Kelkheim heute eine Fundgrube für hochwertige Antiquitäten und Designobjekte aus Holz. Die meisten Möbel stammen aus dem 19. Jahrhundert, aber auch Stücke aus dem Jugendstil und dem Barock sind hier zu finden. Das breite Angebot reicht von Schränken, Tischen und Stühlen über Sekretäre, Vitrinen und Kommoden.

Zu dem Anwesen gehört auch eine Werkstatt für individuelle Möbelanfertigung nach Wunsch und Maß, die Produktion von eigenen Designmöbeln und das kompetente fachgerechte Restaurieren von antiken Möbeln. Bei der Auswahl der Möbel legt Schreinermeisterin und Restauratorin Sigrun Horn besonderen Wert auf eine gut erhaltene Grundsubstanz, die dem Originalzustand möglichst nahe kommt. Somit ist es möglich, Möbel substanzschonend zu restaurieren und dessen ursprünglichen Charakter zu erhalten. Für eine authentische Restaurierung verwendet die Werkstatt auch historische Materialien wie Knochen- oder Fischleim, Sägefurniere und Schellack. Die Restaurierungsarbeiten umfassen auch Polsterarbeiten, Schnitzarbeiten, Drechselarbeiten, Vergoldungen, Fassungen und Flechtarbeiten.

Wer selbst die Kunst des Tischlerhandwerks erlernen möchte, kann ab Herbst in der »Kelkheimer Schule für das Möbelhandwerk« Kurse belegen, in denen die klassische

Handwerkskunst gelehrt wird. Ebenso wird es Kurse für Möbelrestaurierung sowie die klassische Schellackpolitur geben.

www.holunder-hof.de

55

Keine Schraube locker

MEIZ – Michael Ziem

—> nur online

Dass man einen Stuhl in einem Rucksack oder sogar in einen Turnbeutel packen und mitnehmen kann, ist sicherlich außergewöhnlich. Aber es funktioniert, denn Michael Ziem produziert in seiner Mainzer Manufaktur Möbel, für die man keine Schrauben und zum Aufbauen kein Werkzeug braucht. Es sind funktionale Möbel, die einfach nur zusammengesteckt werden.

Wie zum Beispiel die sogenannte »MitnehmerFamilie«, ein multifunktionales Ensemble aus einem »Immer-dabei-Stuhl«, einem »SchaukelMitnehmer« und einem »TischHocker«. Der stabile Stuhl, der bis zu 100 Kilo tragen kann, ist ein Möbelstück, das bei Wanderungen, Städtereisen und selbst bei Radtouren bestens ins Gepäck passt, und wegen seiner nur 2,5 Kilo kaum ins Gewicht fällt. Mit rund 45 Zentimeter Sitzhöhe ist der Stuhl ein bequemer Allrounder, der an jeden Esstisch passt. Auch der »SchaukelMitnehmer« garantiert Bequemlichkeit und ist in seinen Einzelteilen leicht im Gepäck zu verstauen. Der Dritte im Bunde bietet alle Vorteile eines kleinen Tisches. Sei es in der freien Natur beim Picknick oder als Tischreserve, wenn überraschend mehr Besuch als erwartet kommt.

Die zusammensteckbaren Möbel sind aus unbehandelter Birke-Multiplex gefertigt. Am Ende entscheiden die Kunden, ob sie die Oberflächen ölen, wachsen, beizen, farblos oder farbig lackieren oder vergolden lassen möchten. Neben den Sitz- und Tisch-Möbeln bietet die Mainzer Manufaktur auch zusammensteckbare Regale in vier verschiedenen Breiten von 40 bis 120 Zentimeter an.

www.meiz.de/

Bitte recht freundlich

Kleinformat

—> nur online

56

Wer hat's erfunden? In diesem Fall war es Lena Eckhardt, sie hat sich das außergewöhnliche Design mit den personalisierbaren Fotolampen ausgedacht und sich mit dieser Idee selbstständig gemacht.

Die schönsten Erinnerungen zum Leuchten bringen, nicht unbedingt ein leichtes Unterfangen. Aber eine gute Entscheidung, die Ideen, Kreativität, Einfühlungsvermögen, aber vor allem handwerkliches Geschick verlangt. Denn bei der Fertigung der Fotolampen legen Lena Eckhardt und ihr Team viel Wert auf regionale Fertigung, die zwei Holzfüße werden in regionalen sozialen Einrichtungen für Menschen mit und ohne Behinderung hergestellt. Die Lampenschirme entstehen komplett in der kleinen Manufaktur und werden mit viel Liebe zum Detail auch dort mit den Dias bestückt. Die Gewissheit, dass jeder Kunde ein individuelles Unikat mit seinen persönlichen Lieblingsmomenten bekommt und der damit verbundene enge Kundenkontakt machen die Arbeit für Lena Eckhardt so besonders.

Die einzelnen Fotos, mit denen die Lampe bestückt werden soll, können problemlos über den Fotoupload auf der Internetseite hochgeladen werden. Alle personalisierbaren Fotolampen, Stehlampen, Tischlampen und Hängelampen werden in verschiedenen Formen, Rahmenfarben, Lampenschirm-Größen und Ausführungen von Hand angefertigt. Der Vertrieb erfolgt vorwiegend über den eigenen Onlineshop. Für besonders Kreative und passionierte Bastler gibt es auch DIY-Sets mit Fotolampen zum selber bauen.

www.kleinformatlampen.de

Geht nicht, gibt's nicht

Krebsmühle Möbel
—> Krebsmühle 1
61440 Oberursel

Möbel von der Stange gibt es hier nicht, ganz im Gegenteil. Was in der Krebsmühle in Oberursel geschreinert und getischlert wird, setzt individuelle Maßstäbe. Alles nur kein Standard, denn in der innovativen Möbelmanufaktur arbeiten Handwerker, die von der Möbelsanierung über Restaurierung bis hin zum individuellen Möbelbau alles aus dem Handgelenk beherrschen.

»Kreative Unruhe im Möbelbau« nennen sie ihre Arbeit, die sich auch um das Design der Maßanfertigungen dreht. Individuelle Möbelanfertigung nach Maß, ein persönliches Erlebnis und ein kreativer Dialog zwischen Kunden, Schreiner, Material und Design. Geht nicht, gibt's nicht, innovativer Möbelbau nach Kundenwusch ist für das Team in der Krebsmühle Programm. Da werden Tische entworfen und produziert, die das Außergewöhnliche sichtbar machen und in jedem Raum zum Blickfang werden. Überlänge? Massive Eiche aus dem ganzen Stamm geschnitten? Kein Problem!

Tische aus heimischen Hölzern wie Nussbaum, Eiche, Buche, Esche und Kirsche können Furore machen, wenn sie richtig »aufgetischt« sind. Dafür arbeiten in der Krebsmühle Tischler, Schlosser, Lackexperten und Gestalter eng zusammen. Ein Möbelstück aus der Serie »Experience« versprüht nicht nur Stil, sondern ist ein maßgerechtes Statement für Lebensqualität. Gebaut aus den besten massiven Hölzern und von Meisterhand bearbeitet. Ein bisschen für die Ewigkeit. Oder bis zur nächsten Möbel-Entdeckung in der Krebsmühle.

www.krebsmuehle.com
*Terminabsprache erforderlich

57

Bequem Platz nehmen

HERSO Stuhlmanufaktur

—> nur online

Wer kennt das nicht? Langes unbequemes Sitzen schränkt nicht nur die Konzentration und Arbeitsproduktivität ein, sondern ist schlichtweg ungemütlich, ermüdend und macht sich auch in der Stimmung bemerkbar. Dazu hat es natürlich auch gesundheitliche Langzeitfolgen, die sich vor allem in Rücken- und Nackenschmerzen äußern. Damit man unbequemes Sitzen im wahrsten Sinne des Wortes nicht einfach durchstehen muss, sondern Körper und Geist es sich bequem machen können, hat sich die Offenbacher Manufaktur mit Leib und Seele den Themen Gesundheit und Ergonomie verschrieben.

Dabei ist nicht nur die Ergonomie der Sitzmöbel wichtig, auch die Qualität der verwendeten Materialien spielt eine wichtige Rolle für gesundes Sitzen. Was in der Manufaktur verbaut wird, ist denn auch zu 100 Prozent »Made in Germany«, es wird ausschließlich mit deutschen Zulieferern zusammenge-

58

arbeitet. Für ihren Stuhl können die Kunden zwischen verschiedenen Farben, Sitzflächen, Gasfedern und Fußkreuzen wählen.

Produziert werden die Gesundheitsstühle wie der Ergonomische Bürostuhl mit seinen neun verschiedenen Verstellmöglichkeiten, der Erzieherstuhl und der stufenlos höhenverstellbare Krippenstuhl für den Alltag in der Kinderkrippe, von Anfang bis zum Finish in der Offenbacher Manufaktur. Damit nicht die Katze im Sack gekauft wird, können die Kunden die hochwertigen Sitzmöbel zwei Wochen lang kostenlos testen, nach Vereinbarung gerne auch länger.

www.herso.eu

59

Die individuellen Möbelträume ihrer Kunden auf sehr persönliche Art und Weise zum Leben zu erwecken, das ist die Idee und der Anspruch der kleinen Polstermanufaktur von Sofia Konaka. Und beides gelingt mit Bravour, denn die engagierte Unternehmerin arbeitet mit spürbarer Leidenschaft, mit viel Herzblut und der Liebe zum Detail.

Das Herzstück ihrer Manufaktur ist die offene Werkstatt, wo man Sofia Konaka über die Schulter schauen kann und ihre Handwerkskunst transparent und sichtbar wird. Was genau es sein soll, welcher Stoff zur übrigen Einrichtung, aber auch zum eigenen Geschmack passt, und welches Polster am besten die gestellten und erwarteten Ansprüche erfüllt, erarbeitet die sympathische Griechin zusammen mit ihren Kunden. Gemeinsam wird in Büchern zu antiken Möbeln, zu Stilepochen und Polstertechniken gestöbert. Die ausgewählten exklusiven Stoffmusterkollektionen lassen farblich, aber auch von den Motiven her, kaum Wünsche offen.

Alten geschundenen und kaputten Sitzmöbeln ein neues Leben einzuhauchen, sie wieder für ihre eigentliche Bestimmung fit zu machen und sie damit ins Leben zurückzuholen, ist Sofias Leidenschaft. Denn wo und vor allem wie man sitzt, entscheidet in aller Regel über die Verweildauer und das Gefühl, am richtigen Ort zu sein. Sofia Konaka schafft in ihrer Wiesbadener Werkstatt mit ihren Ideen und ihren Händen, die gerne schnüren, hämmern, nähen und gestalten, genau diese angenehme Atmosphäre des gut gepolsterten Sitzenbleibens.

www.payos-pm.de

Gut gepolstert

PAYOS Polstermanufaktur
—> Nerostraße 19, 65183 Wiesbaden

Eine Liebeserklärung an die Wetterau

Born in the Wetterau

—> nur online

Meine Heimat, mein Stöffchen. So heißt die Losung der Manufaktur mit dem sinnigen Namen »Born in the Wetterau«. Die Wetterau, eine der ältesten Kulturlandschaften Deutschlands und ein fruchtbarer Landstrich unweit von Frankfurt, ist denn auch die Heimat von Apfelwein, Apfelschnaps und Apfelschorle, was die quirlige Manufaktur alljährlich alles produziert und unter ihrem Label vertreibt.

Doch damit nicht genug. Neben dem regionalen Getränkeangebot zeigt man in der Wetterau Flagge und bietet einen bunten Reigen von Textilien an, die mit eindeutiger Herkunftsbezeichnung geschmückt sind. Man zeigt, woher man kommt, die Wetterau als lokale Identifikation und als Heimat aufgeschlossener, toleranter und freundlicher Menschen.

»Born in the Wetterau« schmückt deswegen nicht nur das Badetuch fürs Schwimmbad, den Baggersee oder den fernen Urlaubsstrand, der einprägsame und bekennende Slogan steht auch auf dem klassischen Turnbeutel und den Hipbags. Richtig gut, weil von Geburt aus authentisch, macht er sich auf den Babybodies, die natürlich in Hellblau und Rosa angeboten werden. Mützen und Caps gibt es ebenfalls mit dem Logo, Kapuzenpullover und natürlich T-Shirts in allen Größen und vielen Farben.

Alles in allem eine Liebeserklärung an die Heimat Wetterau und längst ein Stück Kult für alle, die sich hier wohl und wohler fühlen. Alle Produkte sind im Onlineshop zu bestellen.

www.born-in-the-wetterau.de

60

Profane Unterwäsche ist eine Sache. Was aus der Manufaktur von Céline Wernet kommt, ist hochwertige und handgefertigte Lingerie. Deren Herstellung ist ein kom-

61 Lingerie vom Feinsten

Maïson Wernet

—> nur online

plexer und zeitintensiver Prozess, der vor allem Fachwissen und traditionelle Handwerkskunst erfordert. Zwei unabdingbare Voraussetzungen, um Lingerie für die Bedürfnisse einer modernen und anspruchsvollen Frau herzustellen, gleichzeitig diese handwerklichen Fähigkeiten in Deutschland wieder zu fördern und weiterzuentwickeln.

Visionen einer ambitionierten Gründerin und Unternehmerin, Lingerie individueller und nachhaltiger zu gestalten. Immer auch ein bisschen luxuriöser. Rundum maßgeschneidert. Denn jedes einzelne Stück aus der Manufaktur von Céline Wernet ist ein Unikat, das die individuelle Persönlichkeit der Tragenden unterstreicht und betont. Eine zweite Haut zum Wohlfühlen, dafür werden für die Kreationen der engagierten Unternehmerin nur ausgewählte, möglichst regionale Materialien von Schneiderinnen aus Deutschland verarbeitet, um kurze ressourcenschonende Wege zu garantieren.

Am Ende des Produktionsprozesses bekommen die Kunden eine funktionelle, gleichsam pflegeleichte, langlebige und damit nachhaltige Lingerie. Jedes einzelne Stück der limitierten Editionen vermittelt auch im Alltagsleben einen unvergesslichen intimen Augenblick des Seins. Mit ihrer Lingerie möchte Céline Wernet Menschen empowern zu ihrer Einzigartigkeit zu stehen, diese zu zelebrieren und das Leben selbstbewusst nach eigenen Vorstellungen zu gestalten.

www.maison-wernet.de

Kleider machen Leute

echtmass Herrenmaßkleidung

—> Töngesgasse 21
60311 Frankfurt

Eine stilvolle Erscheinung erkennt man nicht zuletzt an ihrer Kleidung, deren Qualität und vor allem Passform. Nicht zu groß und nicht zu klein. Nur was perfekt sitzt, gilt als passend und damit als gut und besser angezogen. Das gilt für Anzüge, Hemden und Hosen ebenso wie für den Mantel.

Damit die komplette Kleidung in Form kommt und bleibt, dafür sorgt das Atelier von Achim S. Korth in Frankfurt. In der Qualitäts-Manufaktur dreht sich alles um die maßgerechte Herrenbekleidung, von der kompetenten Beratung bis hin zur finalen Anprobe des handgefertigten Kleidungsstückes. Eine große Auswahl an feinsten Stoffen in unterschiedlichen Qualitäten und entsprechenden Preislagen sind die Basis der fachmännischen Maßarbeit, die mit viel handwerklichem Aufwand betrieben wird.

Dennoch liegen die maßgeschneiderten Stücke im Schnitt preislich nicht höher als klassische Konfektionsware. Beim Maßhemd können die Kunden aus 500 verschiedenen Stoffen ihre Passform auswählen, alle angebotenen Individualisierungen wie andersfarbige Man-

schetten, Kragen, Knopflöcher, Knöpfe und Initialen werden nicht extra berechnet. Ergänzend gibt es eine riesige Auswahl an Manschettenknöpfen. Eine Spezialität des Ateliers ist der Mantel auf Maß. Mit Liebe zum Detail gibt es den Mantel klassisch oder modern geschnitten, aus Wolle, einer feinen Wolle-Kaschmir-Mischung oder aus reinem edlem Kaschmir. Der krönende Abschluss einer stilvollen Herrengarderobe.

www.echtmass.de

Reine Kopfsache

Hutcouture – Susanne Bänfer
—> Oeder Weg 25
60318 Frankfurt

Für Susanne Bänfer ist der Kopf der interessante Teil des Menschen. Und das nicht nur, weil hier Verstand und Denkvermögen sitzen, sondern weil der Kopf die ideale Bühne für ihre Kreationen ist. Eine Präsentationsfläche mit Hingucker-Effekt. Denn Susanne Bänfer ist Hutmacherin, eine inspirierende Mischung aus Designerin, Stylistin, Modemacherin, Handwerkerin und Künstlerin. Die ausgebildete Modistin mit Studium der Bildhauerei an der Kunsthochschule Kassel gehört zu den Stars ihres Fachs.

Was sie für Köpfe handwerklich herstellt, hat Hand und Fuß und formt auf Kundenseite ein ganz persönliches Erscheinungsbild. Wichtig ist ihr dabei, dass der Hut nicht nur mit der individuellen Kopfform korrespondiert, sondern auch zum Gesicht passt, mit der Frisur harmoniert und letztendlich auch zur Körperhaltung eine gute Figur macht. Keine leichte Aufgabe, die Erfahrung und Fingerspitzengefühl verlangt. In ihrer Manufaktur kreiert und produziert Susanne Bänfer ein breites Sortiment an Damen- und Herren-Kopfbedeckungen, individuelle Einzelstücke für viele

63

Anlässe, immer hergestellt mit einem sehr persönlichen Touch.

Für ihre Einzelstücke verwendet sie nur hochwertige Materialien wie edle Filze, feinste Fasern tropischer Palmblätter und langlebiges Bortenstroh. Verziert werden die Hüte mit Rips, Leder, Seidenblumen und exotischen Federn. Alle Kreationen von Susanne Bänfer sind kleine und größere Kunstwerke für Charakterköpfe, denen man gerne ins Gesicht schaut.

www.susanne-baenfer.de

64

All hands on deck

leonid matthias store
—> Walter-Kolb-Straße 5 – 7/Eingang Schulstraße
60594 Frankfurt

Sie heißen Matthias Gruner und Leonid Sladkevich, ihr Modelabel nennen sie einfach »leonid & matthias«. Dahinter verbirgt sich seit dem Jahre 2008 eine kreative Welt, reich an Ideen, voller Leidenschaft für das Profane und Besondere gleichermaßen, ein vielfältig bunter Kosmos an unterschiedlichsten Kreationen. Ausgefallene Mode, aber nie trendgebunden.

Und während Leonid der sprühende Kreative ist, entwickelt Matthias die Unternehmensstrategien und organisiert die Projekte perfekt bis hin zur Buchhaltung. Ein eingespieltes Team in Sachen Mode und Accessoires, das mit ihren Kollektionen immer wieder Geschichten erzählt. Individualität wird in jedem Stück sichtbar und verständlich, die Frankfurter Modemacher bieten mehrere Linien an, damit jeder Kunde jenes Lieblingsstück finden kann, das zu seiner Persönlichkeit und seinen Vorlieben passt.

Die innovativen und trotzdem zeitlosen Unikate reichen von sportlichem Design über ausgefallene und flippige Stücke bis zur avantgardistischen Couture. Die Produkte bestechen durch extravagantes Design, handwerkliche Arbeit der Extraklasse unter fairen Arbeitsbedingungen, Qualität bis ins Detail aus besten Materialien. Alle Kleidungsstücke von »leonid & matthias« werden mit deutschen Qualitätsgarnen genäht und bestickt, rund 90 Prozent der verwendeten Stoffe entsprechen dem Öko-Tex Standard. Ein Modelabel das weit mehr als Kleidung anbietet, sondern eine individuelle, emotionale und nachhaltige Reise durch die persönlichen Fashion-Vorlieben.

www.leonidmatthias.com

Die nackte Wahrheit

Naggisch

—> nur online

65

Naggisch« ist ein junges Frankfurter Label, das von drei Freundinnen 2019 aus Liebe zur Mainmetropole und aus Liebe zu gutem Design gegründet wurde. Kein Wunder, denn Katja, Julia und Linda kennen sich aus dem Designstudium in Wiesbaden und teilen ihre Leidenschaft für ausgefallene Kreativität, grenzenlose Ideen, nachhaltige Produkte und beste Qualitäten. Immer mit einem Augenzwinkern. Das alles zusammen geht im Label »naggisch« auf, das, »nomen est omen« auf puristisches Design setzt.

Minimalismus mit regionalem Bezug auf schwarzen und weißen Shirts und Hoodies. Unauffällig, aber dennoch präsent, hochwertig produziert und einfühlsam gut. Alle Produkte sind unisex, »naggisch« pur für Frankfurter und Frankfurterinnen. Für die Kleinen von 6 bis 12 Monaten heißt das Frankfurter Outfit »goldisch«.

Doch damit nicht genug. Die drei Freundinnen haben noch mehr Ideen auf Lager und die Kollektion »stöffche« als Hommage an die Stadt Frankfurt und Hessens Nationalgetränk ins Leben gerufen. Die Shirts aus dieser Serie gibt es ebenfalls in Schwarz und Weiß, und in Rot bestickt mit dem klassischen »Gerippte«. Auch die legendäre »Grie Soß« kommt selbstverständlich als Shirt und Tasche zu textilen Ehren, ein Muss für alle Fans der Frankfurter Spezialität.

Um das Ganze genüsslich noch ein bisschen abzurunden, wird jährlich ein »naggisch-Wein« angeboten. Biologisch ohne chemische Zusätze hergestellt, ist der »Naked Wine« das i-Tüpfelchen der inspirativen naggisch-Kollektion.

www.naggisch.de

Herrenmode nach Maß

Buccheri – Thomas Kauth
—> Weckmarkt 7
60311 Frankfurt

Dass ein Kleidungsstück gut sitzt, ist eine Sache. Kommt es aus der Manufaktur von Tom Kauth, passt es wie angegossen. Denn der Modedesigner fertigt exklusive Herrenmode nach Maß, jeder Anzug und jedes Hemd aus seiner Manufaktur ist ein persönliches Einzelstück. Immer in bestechender Eleganz gefertigt, in einem unverkennbaren Design, das sich durch den gelungenen Mix aus englisch traditionellem Stil und italienischem Look auszeichnet.

Tom Kauth beherrscht diesen Stil aus dem Effeff, der gelernter Herrenmaßschneider und Textiltechniker arbeitet dabei ausschließlich mit besten und hochwertigsten Materialien und ausgefallenen und exklusiven Accessoires. Es sind Naturprodukte wie Knöpfe aus echtem Büffelhorn, Perlmutt oder Steinnuss aus Südamerika, die der Designer für seine maßgeschneiderten Kleidungsstücke verwendet und die in seinen Kreationen zum Standard gehören. Eine breite Auswahl an Futterstoffen aus feinster Seide in unzähligen und facettenreichen Farbvarianten geben auch dem Innenleben eines Anzuges einen ganz persönlichen Touch.

Individualität ist denn auch das Credo des Designers, vor dem ersten Schritt steht das ausführliche persönliche Gespräch mit dem Kunden. Dieser wird in den Prozess der Gestaltung seines Maßanzuges oder Maßhemdes von Anfang an komplett miteinbezogen und wird dadurch ein Teil des kreativen Schaffens. Am Ende passt alles, was Tom Kauth entwirft, wie angegossen.

www.buccheri.de
*Terminabsprache erforderlich

Zwischen den Webstühlen

Handweberei – Nadine Cromme
—> Zeilsheimer Straße 10
65779 Kelkheim

Schon als Kind hat Nadine Cromme gerne gewebt, Wolle versponnen und gefärbt. Zu ihrem 18. Geburtstag bekommt sie ihren ersten Webstuhl geschenkt, die Initialzündung für ihr kommendes Berufsleben. Denn die spannende Kombination aus Gestaltung und Handwerk lässt sie nicht mehr los, sie absolviert eine Ausbildung zur Handweberin, danach ein Studium Handwerksdesign an der Akademie für Gestaltung in Aachen und macht sich anschließend als Textilkünstlerin selbstständig.

Bis heute hat sie Freude daran, ihre feinen Stücke am Webstuhl Faden für Faden wachsen zu sehen. Dabei sind Nadine Cromme die Einheit von Entwurf, handwerklicher Arbeit und Direktvertrieb wichtig. Ihre Produkte sind meist sehr feine Gewebe aus edlen Naturmaterialien wie Kaschmir, Seide und Wolle. Durch die Handweberei ist es ihr möglich, ihre eigenen Entwürfe in ganz kleinen Auflagen umzusetzen. Der Entwurf wird im Entstehungsprozess noch mitbestimmt und mündet in dem einen einzigartigen Stück.

Da die Textilkünstlerin die Garne oft selbst färbt, liegt die Produktionskette weitestgehend in ihrer Hand. Das Ergebnis sind feine, edle Schals und Wolldecken mit ganz eigenem Charme, individuell, zeitlos und pfiffig. Besonders wichtig ist Nadine Cromme der Kontakt mit ihren Kunden, denen sie gerne den Produktionsprozess und die dahintersteckende Designidee erklärt. In kleinen Gruppen mit maximal fünf Teilnehmern können zudem Kurse gebucht werden, in denen sie die verschiedenen technischen und gestalterischen Möglichkeiten der Webkunst vermittelt.

www.nadine-cromme.de
*Terminabsprache erforderlich

67

68

Auffallend gut behutet

NAMICO – Hatdesign
—> Yeoviler Straße 5
65232 Taunusstein

Vom Kopf her gut angezogen zu sein beginnt natürlich mit einem Hut. Nicht mit irgendeinem, sondern mit einem auffallend zur Persönlichkeit des Trägers passenden Hut, der weit mehr sein sollte, als nur eine profane Kopfbedeckung.

Cornelia Palzer macht solche Hüte in reiner Handarbeit nach traditioneller Hutmacher-Kunst, sie fertigt kopflastige individuelle Schmuckstücke, die jedes Outfit in ein Fashionstatement verwandeln. In ihrer Hutmanufaktur entstehen in vielen aufwendigen Arbeitsschritten und unter geschickten und erfahrenen Händen besondere Unikate, die das Erscheinungsbild maßgeblich prägen.

Bei der Verarbeitung legt Cornelia Palzer besonderen Wert auf hochwertiges Material, da dies den Tragekomfort und die Langlebigkeit entscheidend beeinflusst. Modern, elegant, mal feminin, mal maskulin. Dezent oder auffällig, bunt, lässig oder businesslike: Ein Hut bietet viele Möglichkeiten den Style immer wieder neu und spannend zu kombinieren. Alles reine Kopfsache!

Die Auswahl der Hüte richtet sich nach den Wünschen und Vorstellungen der Kunden, Cornelia Palzer berät diese ausführlich, um gemeinsam die zum Gesicht und der Persönlichkeit passende Kopfbedeckung zu finden. Zu ihrem Angebot gehört auch die Auf- oder Umarbeitung »alter Hüte«, die aus längst vergangenen Tagen stammen, vielleicht Erinnerungswert haben und noch relativ gut erhalten sind.

In ihrem kleinen Hutgeschäft bietet sie in gemütlicher Atmosphäre Wochenend-Workshops an, in denen die Teilnehmer ihren ganz persönlichen Hut kreieren und anfertigen können.

www.namico-hatdesign.de
*Terminabsprache erforderlich

Hawaii in Hessen

Schönwetterfront
—> Scheffelstraße 3
65187 Wiesbaden

69

Das Leben schreibt immer noch die schönsten Geschichten. Wie zum Beispiel die des Labels »Schönwetterfront«, hinter dem coole Klamotten stecken, die Fernweh und Heimat gleichermaßen bedienen. Alles fing mit einem Hawaiihemd an, das in seinen bunten Motiven vom Wiesbadener Stadtwappen inspiriert war. Der Wahlwiesbadener Christian Jakob hatte im Jahre 2015 diese coole Designidee, die schnell ihre Fangemeinde fand.

Hawaiihemden aus Deutschland, das war nicht nur brandneu, sondern auch innovativ mutig. Danach gab es kein Halten mehr. Nach einem Jahr voller Entwürfe, Planung und Vorbereitungen gründete er gemeinsam mit Rebecca Schmalenbach im Januar 2016 das Label »Schönwetterfront«. Eine klare Ansage für mehr »Aloha« in Deutschland! Der bekannte Gruß bündelt die gutmütige hawaiianische Lebensphilosophie in einem einfachen Wort.

Genau diese herzliche Grundeinstellung möchte das junge Unternehmen auch in Deutschland stärken. Sommerliche Shirts, Kleider und Hosen sind oft geschmückt mit Motiven von tropischen Pflanzen und karibischen Blüten. Textil gewordenes Fernweh auch mit von der Heimat inspirierten Motiven mit liebenswerten Details für Bierfreunde, Weinliebhaber und Lokalpatrioten.

Eine augenzwinkernde Verbindung von Fernweh mit Heimatverbundenheit. Die sommerlichen Kurzarmhemden werden fair und liebevoll in Kleinauf-

lagen oder als Einzelstücke in Deutschland geschneidert, alle Hawaiihemden werden aus 100 Prozent Bio-Baumwolle gefertigt und exklusiv in Baden-Württemberg bedruckt. Sehr cool!

www.schoenwetterfront.de

70

Großartige Fashion

Manufaktur Ruffer

—> nur online

Ihre Mission: Die Kundinnen sollen sich in ihrer Mode rundum wohlfühlen und für jeden Tag passend gekleidet sein. Ohne Kompromisse, auch und gerade, wenn die Konfektion etwas größer ausfallen soll. Marcela Ruffer hat genau dafür ihre Manufaktur gegründet, um ausgefallene Mode in großen Größen zu designen und zu produzieren.

Die Schnitte der diplomierten Bekleidungstechnikerin sind denn auch immer figurfreundlich, passend bis ins Detail und niemals einengend oder knapp bemessen. Die meisten Kleidungsstücke sind mit so wenig Teilungsnähten wie möglich designt, besonders an den Armen werden Druckstellen vermieden. Marcela Ruffer legt dazu großen Wert auf angenehm zu tragende Materialien und verarbeitet am liebsten Baumwollstoffe und Viskosejersey.

Großzügigkeit in Stoffen und Schnitten fühlt sich immer gut an, spürbarer Tragekomfort im schicken Outfit, der gute Laune macht. Einige ihrer Bestseller sind extravagante oder asymmetrische Ballonkleider aus Seidentaft mit Viskosejersey und einer interessanten Saumraffung.

Die Modelle gibt es in verschiedenen Farbvarianten, aber auch ausgefallene Sommerkleider, flippige Mode für kleine und große Größen, Jacken und Mäntel werden in der Wiesbadener Manufaktur individuell auf Maß hergestellt. Auch wer Avantgarde Mode in großen Größen und klassischem Schwarz sucht, wird bei Marcela Ruffer mit Sicherheit fündig. Ihr Portfolio ist ein Dorado für zeitlose, dennoch moderne und vor allem ausgefallene handgemachte Curvy-Fashion.

www.manufaktur-ruffer.de

71

Lena Richter versteht ihr Handwerk; vor der Gründung ihres Wiesbadener Ateliers im Jahre 2010 absolvierte sie eine Ausbildung zur Herrenschneiderin und studierte

Mit viel Fingerspitzengefühl

Lena Richter Atelier
—> Gneisenaustraße 19
65195 Wiesbaden

danach an der HTW Berlin Bekleidungstechnik.

Ihre Designs sind modern und gleichsam zeitlos, Lena Richter gelingt mit ihren Entwürfen und Ideen dieser schwierige Spagat mit Bravour. Die klassische Maßschneiderei steht dabei immer im Vordergrund, denn nur mit dieser handwerklichen Arbeit, die im wahrsten Sinne des Wortes viel Fingerspitzengefühl verlangt, kann die Individualisierung gelingen, die die Persönlichkeit der Kunden in den Fokus stellt. Kleider machen Leute, so oder so steckt in dieser Binsenweisheit ein beachtlicher Kern Wahrheit.

Alle Kleidungsstücke von Lena Richter werden mit größter Sorgfalt und bestem Handwerk in der hauseigenen Manufaktur hergestellt, hochwertige Materialien von ausgesuchten Produzenten sind die Grundstoffe, aus denen die Maßstücke gefertigt werden. Kleider nach Maß, da bietet Lena Richter zum einen ihre schicke Atelierkollektion an.

Soll es ein Braukleid sein, ist Lena Richter auch eine kompetente, erfahrene und einfühlsame Ansprechpartnerin, die sich für die Beratung viel Zeit nimmt. Gemeinsam mit der Kundin werden Wünsche und Vorstellungen besprochen, Stoffe und eventuelle Spitzen ausgesucht, um immer die passende Silhouette des maßgeschneiderten Brautkleides zu treffen. Je nach Auftragslage beträgt die Lieferzeit 8 bis 12 Wochen. Eine lohnende Zeit, bei der am Ende der moderne und zeitlose Schick triumphiert.

www.lenarichter.de
*Terminabsprache erforderlich

72

Handmade Design

ALMA
—> Sonnemannstraße 73
60314 Frankfurt

ALMA heißt das Label von Alexandra Brückmann, das sie im Jahre 2013 ins Leben gerufen hat. Dahinter steckt ihre ganze Leidenschaft für »Handmade Design«, im kleinen Team entstehen nicht nur innovative Kleidungsstücke nach dem Motto »Fair Fashion«, sondern auch besonderer, leichter Schmuck aus umweltfreundlichem recyceltem Material.

Authentisch, engagiert und immer mit einem Augenzwinkern setzen Alexandra und ihr Team ihre Ideen von Fairness und Nachhaltigkeit um. Diese Werte sind ihnen besonders wichtig, genauso wie das minimalistische und zeitlose Design, das den Kreationen eine lange Aktualität gibt und über viele Jahre hinweg Freude bereitet.

Für die Produktion der Shirts, Sweatshirts und Hoodies aus der Kollektion »Fair Fashion« wird in der kleinen Manufaktur ausschließlich Bio-Baumwolle verwendet. Mit teils witzigen Sprüchen wie »Musik, Liebe, Schnaps« werden die Kleidungsstücke bedruckt und bestickt und sind umweltfreundlich, regional und nachhaltig. Für den Schmuck verwendet ALMA recyceltes Messing und allergiearme Acetate, daraus entstehen langlebige, wasserfeste und allergiearme Schmuckstücke.

Wer auf der Suche nach individuellem und personalisiertem Schmuck ist, findet bei ALMA eine besonders attraktive Auswahl und dazu eine kompetente Beratung. Neben der Schmuckproduktion bietet die Manufaktur auch einen Reparaturservice an, dazu gibt es Workshops und spannende Events rund um das Thema »Handmade Design«.

www.almastore.de

73

Plaudert Alexandra Baum aus dem Nähkästchen, dann spürt man, dass ihr Herz für die Natur und für Ringe schlägt, die zu glücklichen Anlässen an die Finger gesteckt werden. Wie diese Ringe im Ein-

Mit Herz und Hand

Alexandra Baum Schmuck
—> Konrad-Broßwitz-Straße 6
60487 Frankfurt

zelnen aussehen, in welchem Design sie in Alexandra Baums Frankfurter Atelier entstehen, denkt sich die kreative Goldschmiedin auf Spaziergängen durch Wald und Wiesen aus. Immer inspiriert von den vielen natürlichen Formen und Strukturen, die ihre Ideen beflügeln.

Mit dem Kopf voller Inspiration und einer Tasche voller Steine, kleiner Äste und allem, was Wald und Flur hergeben, kehrt sie zurück an ihren Werktisch und legt los. Jetzt entstehen die Modelle für außergewöhnliche Trauringe, Ohrringe und Halsketten, die sie zusammen mit ihren Mitarbeiterinnen Christine und Pamela handwerklich anfertigt. Alle Schmuckstücke aus der Kollektion werden aus recyceltem oder fair gehandeltem Gold, Silber, Platin und Palladium angefertigt, denn Nachhaltigkeit steht ganz im Fokus der Manufaktur.

Die Auswahl an Schmuckstücken in Baums Ladenatelier ist riesig und lässt kaum Wünsche offen. Wer nicht im Atelier vorbeikommt, kann sich den in jeder Beziehung passenden Trauring auch bequem online von zu Hause bestellen. Mit Hilfe der sogenannten Trauring-Beratungsbox auf der Webseite kann man gemütlich zu Hause ermitteln, welche Gold- oder Platinlegierung es sein soll, welche Oberflächengestaltung zum Typ passt und wie die Breite und Materialstärke auf die individuellen Bedürfnisse zugeschnitten werden kann. Ringe mit Herz für die Hand.

shop.alexandrabaum.com
*Terminabsprache erforderlich

74

Glück ist handmade

SOWHAT – bags & jewelry

—> nur online

Mit der Leidenschaft für Taschen fing alles an. Aus dieser Passion ist eine Manufaktur entstanden, in der zunächst nur von Hand gefertigte Ledertaschen in Kleinserien produziert wurden. Gründerin, kreativer Kopf und Designerin ist SoWah Au-Yeung, die 2015 ihre ersten Prototypen entwickelte und aus ihrem Vornamen das kleine Label »SoWhat« ins Leben rief.

Nach den ersten eigenen designten Handtaschen folgten handgefertigte Ohrringe und weitere Schmuckstücke wie Ringe und Halsketten, die heute zum attraktiven Angebot der kleinen Offenbacher Manufaktur gehören. In ihrem Design verbindet SoWah Au-Yeung klassische Formen mit zeitgemäßen Farben und Materialien zu einem eleganten zeitlosen Stil mit individueller Note, der mit vielen Kleidungsstücken ideal kombiniert werden kann.

Die Manufaktur bietet eine breite Auswahl an Ohrschmuck in verschiedenen Stilen, Formen und Farben. Auch die Taschen werden mit viel Liebe zum Detail und Sorgfalt hergestellt, dabei achtet SoWah Au-Yeung besonders auf die passende Form, die Farbzusammenstellung, die Funktionalität, ein stimmiges Design und vor allem auf eine qualitativ hochwertige handwerkliche Verarbeitung.

Neben lederfreien Materialien kommen auch Echtleder mit einzigartigen und ausgefallenen Oberflächenstrukturen zum Einsatz. Das harmonische Zusammenspiel aller Faktoren verleiht den Kreationen von SoWah Au-Yeung ihren individuellen Charakter und eine ganz individuelle Note.

www.so-sowhat.de

75 Steinerne Kreationen

Schmuckatelier Wolfgang Uhl
—> Rumpenheimer Schlossgasse 4
63075 Offenbach-Rumpenheim

Im romantischen Marstallgebäude des ehemaligen Landgrafen-Schlosses mit seinem ausgedehnten Park in Rumpenheim befindet sich das Schmuckatelier von Wolfgang Uhl. Ein exponierter Ort, genau richtig und passend für die außergewöhnlichen Schmuckstücke, die Uhl seit rund 25 Jahren herstellt. Schmuck, der anders ist; Unikate, die die natürliche Schönheit und Magie der Steine in Szene setzen.

Wolfgang Uhl verwendet für seine Schmuckstücke neben Edelsteinen, rohen Kristallen und Mineralien auch einfache Steine und Zuchtperlen. Mit seiner ganzen Erfahrung und der Entwicklung eigener Verarbeitungstechniken entstehen unter seinen Händen besondere Kreationen wie die speziellen Ypsilonketten aus zwei unterschiedlichen Strängen, die sich in der Mitte mit auffällig besonderer Eleganz treffen. Die Auswahl der Ketten ist facettenreich und bietet für jeden Geschmack ein individuelles Schmuckstück mit Charakter und Hinguckeffekt.

Bei seinen Ringkreationen setzt er auf minimalistisches und puristisches Design ohne traditionelle Fassungen. Dabei sitzen die Steine fest und wirken, als würden sie zwischen den Fingern schweben. Alle Schmuckstücke von Wolfgang Uhl sind im Onlineshop mit Fotos und allen wichtigen Produktinformationen dargestellt. Eine gute Gelegenheit die außergewöhnlichen Unikate von Wolfgang Uhl im historischen Ambiente des Marstallgebäude zu erleben, sind die offenen Tage des Schmuckateliers, die auf der Homepage zu finden sind.

www.schmuckatelier-wolfgang-uhl.de
*Terminabsprache erforderlich

Schmuck macht glücklich

76

Cordels Schmuck – Cordula Jäger
—> Kleines Gäßchen 13 – 15 (Halle 4)
63075 Rumpenheim

Seit rund 20 Jahren arbeitet Cordula Jäger als erfolgreiche Schmuckdesignerin, ihre kleine Manufaktur in Rumpenheim ist denn auch eine Ideenschmiede für außergewöhnliche Einzelstücke oder Kleinserien. Ein Ort, der Zeit und Raum für Inspiration lässt, die Cordula Jäger immer wieder antreibt, und aus der sie ihre Energie tankt.

In ihrer Schmuckoase entstehen die Kollektionen aus Silber und Gold, oft umgeschmolzen aus alten Stücken der persönlichen Schatzkiste und im wahrsten Sinne des Wortes geschmückt mit Steinen, die durchaus anderen Schmuckstücken oder kleinen Depots entnommen wurden. Diese Produktionsweise garantiert echte Nachhaltigkeit und basiert auf einem Kreislaufgedanken, der bestehenden Materialien eine neue Form und Funktion gibt und damit vorhandene Ressourcen für nachhaltiges Schmuckdesign nutzt. Denn Nachhaltigkeit, Upcycling, Recycling und der bewusste Umgang mit Ressourcen sind Cordula Jäger besonders wichtig und der zentrale Gedanke ihrer Manufaktur-Philosophie.

Was neu entsteht, entwirft und produziert sie in ihrer Werkstatt, immer handgefertigt, immer als Unikat. In der Werkstatt werden die Kreationen von Cordula Jäger erlebbar: Vom Entwurf über den Herstellungsprozess bis zum kleinen Juwel kann alles begutachtet werden.

Zwar fertigt die Schmuckdesignerin in Ausnahmefällen auch Einzelstücke nach den Wünschen ihrer Kunden an, doch der Fokus ihrer Schmuckstücke liegt auf dem eigenen Label.

www.cordels.de
*Terminabsprache erforderlich

Extravaganter Rohstoff

Rohstoff Schmuckhandwerk
Ciaron Hausmann
—> Blücherstraße 30,
65195 Wiesbaden

Seinen eigenen Stil und seine unverkennbare Handschrift hat der gebürtige Wiesbadener Ciaron Hausmann längst gefunden. Und die Kunden, die zu ihm und seinen Kreationen passen. Die sind immer ein bisschen ausgefallen, Unikate mit crazy-Faktor, unverwechselbare einzigartige Designerstücke und feine Accessoires, alles andere als Mainstream.

Inspirieren lässt sich der Goldschmiedemeister und staatlich geprüfte Gestalter für seine außergewöhnlichen Schmuckstücke vom Jugendstil, der Bildsprache früherer Skateboardkultur, von Comics, der Musikgeschichte und der Popkultur, Plattencovern und von der Mode der sogenannten Subkulturen. Eine bunte Mischung, ein Mix aus profan und abgefahren, originell, stilecht und unangepasst, aber immer 100 Prozent authentisch.

Seine Stücke fertigt er aus reinem 925er Silber an, aber auch in Kombination mit Kupfer, Bronze, Ebenholz oder Edelsteinen. Wer seinen Schmuck lieber in Weißgold, Gelbgold, Palladium oder Platin tragen möchte, bekommt von Ciaron Hausmann gerne auch das Passende geschmiedet.

Aus der Zusammenarbeit mit einem Glasbläser entstehen in der kleinen Manufaktur außergewöhnliche, einzigartige Schmuckstücke. Der Fantasie und Kreativität sind dabei keine Grenzen gesetzt. Wichtig ist Ciaron Hausmann der Eigenvertrieb. Er möchte seine Arbeit selbst vermarkten, möchte unabhängig sein und dadurch faire Preise halten und direkt mit seinen Kunden kommunizieren.

www.rohstoff-schmuck.de
*Terminabsprache erforderlich

77

78

Die Herausforderung Schmuck zu kreieren, den sonst keiner hat, ist für Franziska Jelonek die treibende

Schmucke Unikate

by franzijel – Franziska Jelonek

—> nur online

Kraft, die sie immer wieder beflügelt, sich etwas Neues auszudenken. Die Ideen gehen ihr dabei nicht aus, nur Mainstream ist so gar nicht ihr Ding. Die junge sympathische Grafikdesignerin setzt dagegen auf Individualität und die Kreation von außergewöhnlichen und besonderen Dingen. Unikate, einzigartige Schmuckstücke, aber zu einem erschwinglichen Preis. Das ist ihr Ding.

Alle Schmuckstücke und aus Gießharz (Resin) gegossene kleine Dekoartikel, die in der kleinen Manufaktur entstehen, sind denn auch exklusive Einzelstücke und werden von Franziska Jelonek in liebevoller Handarbeit persönlich hergestellt. Kein Stück gleicht dem anderen, das ist ihr Versprechen.

Die meisten ihrer Produkte sind Modeschmuck, dabei verwendet die engagierte Unternehmerin vor allem Edelstahl, 18 Karat vergoldetes Messing oder Metalllegierungen. Ein Bestseller der Manufaktur ist die »Birth Flower«-Kollektion, die aus filigran gravierten Edelstahl-Anhängern besteht, versehen mit der Geburtsblume und dem farblich passenden Kristallglas. Das perfekt personalisierte Geschenk.

In der Kreativkollektion »Mix & Match«, die auch in Silber erhältlich ist, können Creolen mit einer Vielzahl an unterschiedlichen Resin-Charms nach Lust und Laune kombiniert werden. Wer eine Sonderanfertigung wünscht, kann Franzi auf der Homepage seine diesbezüglichen Wünsche schicken.

www.byfranzijel.de

Tanzende Schuhe 79

Diamant Schuhfabrik Otto Müller KG

—> nur online

Alles begann im Jahre 1873, als Schuhmachermeister Eberhard Müller in Frankfurt am Main ein Ladengeschäft eröffnete. Aus dem kleinen Handwerksbetrieb ist längst ein modernes mittelständiges Familienunternehmen geworden, das heute in der vierten und fünften Generation von Thomas Otto Müller und Thomas Oliver Müller geführt wird. Spezialisiert ist das international agierende Unternehmen auf die handwerkliche Herstellung von Tanzschuhen für Herren, Damen und Kinder, die in 37 Länder auf vier Kontinente exportiert werden und in ausgesuchten Fachgeschäften erhältlich sind.

Wer sich in seiner Freizeit oder auch professionell auf dem Parkett zur Musik bewegen möchte, ist mit Diamant Tanzschuhen bestens unterwegs. Die Produktpalette umfasst denn auch ein breites Angebot an verschiedenen Tanzschuhen für den klassischen Gesellschaftstanz sowie den Turniertanz für die Kategorien Standard, Latein, Tango, Salsa und weitere Tanzrichtungen.

Eine Vielfalt an Materialien, Absatzformen und Weiten ermöglichen rund 20.000 Variationen und Modelle. Dazu produziert der Familienbetrieb in Bad Soden auch Dance Sneaker für moderne Tanzstile, ein Portfolio an Tanzzubehör sowie einen jährlich erscheinenden Diamant Dance Emotion Kalender.

Noch immer steht in der Schuhproduktion trotz Hightech die Handarbeit im Vordergrund, ein Diamant Tanzschuh erfor-

dert bis zu 40 handwerkliche Arbeitsgänge. Selbstverständlich werden auch individuelle Kundenwünsche berücksichtigt, damit das Tanzen bis in die Zehenspitzen eine Freude bleibt.

www.diamant.net

Der Herr der Schuhe

Maßschuh-Atelier Frankfurt am Main

—> Wilhelm-Leuschner-Straße 4a
63303 Dreieich

Um gut zu Fuß unterwegs zu sein, braucht man die richtigen Schuhe. Vor allem die passenden. Solche Schuhe individuell anzufertigen, ist das Metier von Jürgen Ernst, einem Maßschuhmachermeister, der 2008 sein Atelier für

Maßschuhe und Schuhdesign in Dreieich eröffnet hat. Was dort in der Werkstatt in präziser Handarbeit und in vielen Arbeitsschritten entsteht, sind exklusive Herren- und Damenschuhe. Am Ende muss der Maßschuh perfekt passen, das ist der hohe Anspruch des Meisters, der viel Fingerspitzengefühl und Erfahrung voraussetzt.

Alles beginnt mit einem ausführlichen Beratungsgespräch, bei dem die Füße genau vermessen und Fußabdrücke genommen werden. Entsprechend dieser Abdrücke fertigt Jürgen Ernst den individuellen Leisten, auf dem das gewünschte Modell aufgezeichnet und der Schnitt abgenommen wird. Danach werden die aus den Leisten entwickelten Schnitteile aus dem gewünschten Leder ausgeschnitten und bearbeitet. Futterleder und Oberleder werden separat gesteppt und dann miteinander vernäht.

Bis der Schuh endgültig an den Fuß kommt, bedarf es noch weitere handwerkliche Schritte. Bevor die Leisten aus den fertigen Schuhen gezogen werden, färbt und wachst Maßschuhmachermeister Jürgen Ernst Sohle und Absatz, bevor sie mit heißen Eisen poliert werden. Jeder Schuh ist ein kleines Meisterstück, ein passendes Unikat, um gut zu Fuß unterwegs zu sein.

www.derherrderschuhe.de
*Terminabsprache erforderlich

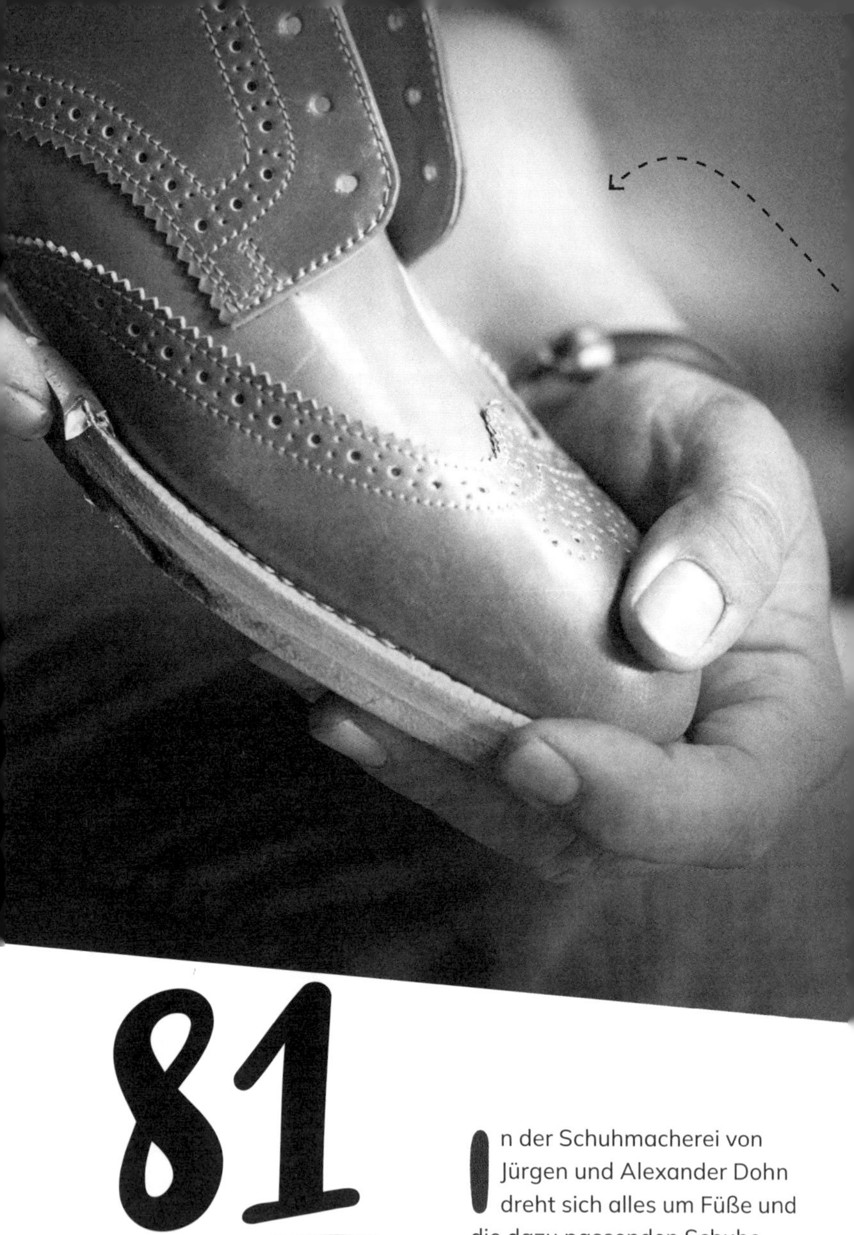

81

In der Schuhmacherei von Jürgen und Alexander Dohn dreht sich alles um Füße und die dazu passenden Schuhe, egal ob rahmengenäht oder mit

Schuhe von Format

Schuhmacherei Lenz
—> Münchner Straße 36
60329 Frankfurt

geklebtem Boden. In der Meisterwerkstatt geht es mit versierten und erfahrenen Händen an die Füße und das schon seit mehr als 80 Jahren.

Das Erfolgsrezept des alteingesessenen Familienunternehmens liegt in der verlässlichen handwerklichen Qualitätsarbeit, der ausschließlichen Verwendung von hochwertigen Materialien, die fast alle aus deutscher und europäischer Produktion stammen, und letztendlich der erstklassigen Beratung bei allen Fragen rund um den Schuh oder den Stiefel.

Ausgestattet mit modernsten Maschinen und Geräten garantieren die Frankfurter Schuhmachermeister eine schnelle und hervorragende Reparatur, kaputte Absätze können in wenigen Minuten fachgerecht erneuert werden. Alle anderen Schuhreparaturen werden innerhalb von 24 Stunden erledigt, Sonderarbeiten nach individueller Absprache. Ein besonderer Service, den die vielen Stammkunden besonders schätzen.

Neben einem breiten Sortiment an Schuhpflegemitteln, Schuhspannern und Schnürsenkeln in mehr als 50 verschiedenen Längen und Farben, bietet die Schuhmacherei auch ein gutes Sortiment an hochwertigen Markenschuhen bekannter Hersteller. Wer noch einen Schritt weiter gehen möchte, lässt sich seine Schuhe von Jürgen und Alexander Dohn auf Maß machen. Feinste Lederschuhe in perfekter Passform aus bester Handarbeit, jedes Paar ein erstklassiges Einzelstück aus Meisterhand.

www.schuhmachereilenz.de

Für die ersten Schritte

NENS

—> Diesterweg 20, 60594 Frankfurt

82

Natur in ihrer Einfachheit zu spüren und Produkte zu kreieren, die für jedes Kind passend maßgeschneidert sind. Das ist die Idee von NENS, einer traditionsreichen Frankfurter Manufaktur in vierter Generation, die sich auf die Herstellung von Baby-Krabbelschuhen spezialisiert hat.

Dabei wird besonderer Wert auf den Einsatz von ökologischen Materialien gelegt, nur umweltfreundlich gegerbte, chrom- und schwermetallfreie Leder werden zur handwerklichen Weiterverarbeitung verwendet. Wo es möglich ist, kommen die Materialien direkt aus Deutschland, was kurze Transportwege garantiert, besonders nachhaltig ist und gleichzeitig zur Stärkung der heimischen Wirtschaft beiträgt.

Entwickelt wurden die Babyschuhe mit der Intension, die natürliche Entwicklung der Kinderfüße zu unterstützen, ihnen dabei Schutz und Komfort zu bieten. Das hochwertige Rindsleder, aus denen die Babyschuhe produziert werden, passt sich den Konturen der Füße an, ermöglicht eine natürliche Bewegungsfreiheit und garantiert gleichzeitig rund um den Fuß eine gute Luftzirkulation. Dadurch wird ein übermäßiges Schwitzen verhindert und die sensible Haut bleibt gesund.

Da die Laufsohle der NENS-Babyschuhe besonders weich und flexibel ist, können die Kinder im wahrsten Sinne des Wortes den Boden unter ihren Füßen spüren und bekommen damit ein Gefühl des Barfußlaufens.

Ideale Voraussetzungen, um für gesunde und glückliche Füße auf dem richtigen Weg zu sein.

www.nensmanufaktur.de

Fußpflege

Schusterlädchen Lenz
—> Homburger Landstraße 67
60435 Frankfurt

Ein gutes Paar Schuhe ist mehr als die halbe Miete für sorgenlose gesunde Standfestigkeit und die richti-

83

gen Schritte durchs Leben. Doch Schuhe bedürfen der regelmäßigen Pflege und der fachgerechten Reparatur, wenn mal etwas »schiefgegangen« ist. Das kleine Schusterlädchen von Wolfgang Lenz in Frankfurt Preungesheim ist eine der noch wenigen verbliebenen Anlaufstellen, wenn es um fachgerechte Schuhreparatur, professionelle Schuhpflege und kompetente Beratung geht.

Klein aber fein, eine empfehlenswerte Manufaktur im Herzen Frankfurts, in der Handwerk noch großgeschrieben wird. Denn Schuhe reparieren lohnt sich, hier beweist sich die viel zitierte Nachhaltigkeit auf Tritt und Schritt. Im sympathischen Familienbetrieb werden die Kunden denn auch fachgerecht und persönlich bedient und beraten, ganz gleich, ob der Schuh offene Nähte hat, die Sohle abgelaufen ist, das Fersenfutter Löcher hat oder die Absätze abgebrochen sind. Auch zu enge oder zu weite Schuhe gehören zu den Problemen, die im Schusterlädchen immer eine Lösung finden.

Komplizierte Reparaturen von renommierten Schuhmarken wie Louboutin, Alden, Buffalo, Dinkelacker, Red Wing oder Meindl gehören in dem Handwerksbetrieb zum Standard, ebenso die erstklassige Aufarbeitung alter Schuhe und die Fertigung von optimalen Schuheinlagen in handwerklicher Perfektion. Wer seinen Füßen etwas Gutes tun möchte, kann sich getrost in die Hände von Wolfgang Lenz begeben.

www.schusterlaedchen.de

Schusters Rappen

Schuhmacherei Baumbach
—> Poststraße 17
65191 Wiesbaden

Andreas Baumbach steckt seit rund 30 Jahren in großen Schuhen, denn er führt eine alteingesessene Schuhmacherei, die sein Urgroßvater Conrad Brill 1901 gegründet hat und die bis heute im Familienbesitz ist. Eine stolze Handwerkstradition, die nicht nur Erfahrung bündelt, sondern auch verlässliche und unbestechliche Qualität bietet, wie sie nur mit fachgerecht arbeitenden Händen entstehen kann. Gleichzeit ist man wie zu allen Zeiten offen für neue Materialien und Fertigungstechniken.

Schuhmachermeister Baumann steht denn auch für die handwerkliche Tradition, immer sinnvoll verbunden mit zeitgemäßen und innovativen Techniken. Neben den hochwertig ausgeführten Schuhreparaturen übernimmt der Familienbetrieb auch die sorgsame Schuhpflege, die für alle zwei Monate empfohlen wird. Dazu werden die Schuhe, die auch eingeschickt werden können, intensiv gereinigt, entsprechend lange getrocknet, bei Bedarf neu gefärbt, imprägniert und anschließend in aufwendiger Handarbeit mit der passenden Creme oder mit Wachs gepflegt.

Natürlich spielt die Fertigung von Maßschuhen eine wichtige Rolle in dem Meisterbetrieb. Nach handwerklicher Tradition entstehen aus erstklassigem Leder und anderen Materialien langlebige Schuhe mit bestem, weil individuell angepasstem, Tragekomfort, die jahrzehntelang Freude bereiten. Für die Beratung nimmt sich Andreas Baumbach viel Zeit, der Startschuss zum eigenen Maßschuh fällt mit einem optimalen Maßleisten, der die Voraussetzung für einen perfekt passenden Maßschuh ist.

www.schuhmachereibaumbach.de

85

DEMIR
Handgearbeitete Maßschuhe
Öffnungszeiten:
Mo.-Fr.: 9.30-18.30 Uhr
Sa.: 9.30-18.00 Uhr
Meisteratelier
DEMIR

Der Meister der Schuhe

Meisteratelier DEMIR
—> Webergasse 1/Nassauer Hof, 65183 Wiesbaden

Ibrahim Demir hat sich schon früh für die echte Handwerkskunst begeistert. Die berufliche Perspektive mit den eigenen Händen etwas zu schaffen, was anderen Menschen auf Schritt und Tritt Freude bereitet und gleichzeitig langlebig ist wie ein handgefertigter rahmengenähter Schuh, faszinierte ihn schon in frühster Jugend. Was lag da näher, als das Schusterhandwerk zu erlernen und sich eines Tages mit einer Meisterwerkstatt selbstständig zu machen.

Bereits mit 22 Jahren wurde Ibrahim Demir nach der Gesellenprüfung Bundessieger in seinem Fach, und er war der erste Schuhmacher, der nach rund 40 Jahren wieder dreifach genähte Schuhe nach Budapester Art in Deutschland herstellte. Seit dem Jahre 2021 hat er sein Meister-Atelier im Wiesbadener Kurviertel unweit des Grand Hotel Nassauer Hof.

Neben einem hochwertigen Reparaturservice, konfektionierten Maßschuhen renommierter Traditions-Manufakturen wie Dinkelacker, Ludwig Reiter und Crockett & Jones, einer exklusiven Auswahl an Lederaccessoires und Lederjacken der Marke Heinz Bauer, bekommen die Kunden bei Ibrahim Demir auch ihre handgefertigten Maßschuhe aus bestem Leder.

Die handwerkliche Reise beginnt mit einer intensiven Beratung und der Entscheidung, in welche Stilrichtung der Schuh gehen und aus welchem Leder der Maßschuh gefertigt werden soll. Nach der Anfertigung des Leistens beginnt der mehrstufige Herstellungsprozess, der bis zur finalen Anprobe zwischen drei und sechs Monaten dauern kann. Dann ist der Auftritt aber auch meisterhaft erstklassig!

www.schuh-demir.de

Daniela Damm macht Taschen für Frauen, die wissen, was sie wollen. Dafür ist die kreative Handwerkerin und Feintäschnerin mit Leidenschaft auf der Suche nach dem besten Leder, der optimalen Verbindung vom Material, Design und Schnitt, Funktionalität und letztendlich einer erstklassigen Verarbeitung. Denn die Tasche muss zum Anlass passen, aber auch zur Frau, die sie trägt.

Wie also soll das Innenleben einer Tasche aussehen und welche Länge soll der Gurt haben? Wie und auf welcher Schulterseite wird die Tasche am liebsten getragen? Oder nur in der Hand? Das alles bespricht Daniela Damm mit der künftigen Besitzerin persönlich, gemeinsam werden Material, Farbe, Futter und Form ausgesucht. Am Ende entstehen in Daniela Damms Manufaktur gut durchdachte Taschen und Accessoires, die den Stil einer Frau zwischen starkem Statement und lässigem Understatement unterstreichen. Besondere Unikate mit sichtbarem Charakter. Und das alles in bester Qualität.

Taschen, die ins Leben passen, ausreichend Platz für alles Wichtige haben und dabei dennoch gut tragbar sind. Lieblingsstücke eben, die ein Teil der modischen Persönlichkeit der Trägerin werden und entsprechend eine wichtige wahrnehmbare Rolle spielen. Ob als zuverlässiger Begleiter im Alltag, als Hingucker auf einer

Vernissage, einem Fest oder bei einem Rendezvous. Schicke Allrounder im besten Sinne des Wortes. Fünf exklusive Modelle hat Daniela Damm in ihrer Kollektion, die ebenso unterschiedlich wie wandlungsfähig sind.

www.danieladamm.de
*Terminabsprache erforderlich

Stilsicher durchdacht

Atelier Daniela Damm
—> Falkstraße 28
60487 Frankfurt

87

Lisa Frisch und Katharina Pfaff sind seit langem gute Freundinnen, haben gemeinsam Mode- und Kommunikationsdesign studiert und

Erfrischend frisches Design

frisch Beutel

—> Ludwigstraße 14, 60327 Frankfurt

wussten genau, was sie wollten. Nämlich eine eigene Firma und ein eigenes Label für ausgefallene Accessoires in schlichtem, aber stilvollem Design. Eine markante Marke, authentisch und nachhaltig. Vor rund zehn Jahren haben sich die beiden auf den unternehmerischen Weg gemacht, heute bietet ihre Manufaktur qualitativ hochwertige Produkte zu erschwinglichen Preisen an.

Ihre Produktideen beginnen neben dem Design mit der sorgfältigen Auswahl der Materialien, wie etwa Leder, veganes Apfelleder und Kork. Da die favorisierten Lederhändler und Lieferanten ihre Produktionsstätten in Hessen haben, sind die Transportwege kurz und schnell. Gleichzeitig unterstützen Lisa Frisch und Katharina Pfaff damit die regionale Handwerksindustrie. Eine umweltschonende und nachhaltige Win-Win-Situation.

In der alten Lederstadt Offenbach lassen die beiden Geschäftspartnerinnen aufwendige Taschen, Rucksäcke und Geldbeutel in vielen Einzelschritten handwerklich herstellen. Die Auflagen sind klein und individuell, Überproduktionen werden damit vermieden. Jeder »frisch Beutel«, wie Lisa Frisch und Katharina Pfaff ihre Taschen nennen, ist ein Unikat, bei dem Struktur und Maserung einzigartig sind und es kleine Unebenheiten und Farbunterschiede gibt, die den besonderen, individuellen Charme der Produkte ausmachen. Und alles, von der ersten Idee bis zum finalen Nadelstich, ist natürlich »Made in Hessen«.

www.frisch-shop.de

88

Stylisch und schön

Katy Mercury Germany
—> nur online

Katharina Hermes hat klare Vorstellungen von dem, was sie macht. Und das sind innovative Handtaschen, die das Leben ihrer Trägerinnen nicht nur schöner und stylischer, sondern auch einfacher, komfortabler und somit glücklicher machen.

Schicke Taschen, facettenreich und anpassungsfähig wie ein Chamäleon – dank diverser Wechselcover! Alles-Könner-Handtaschen, wie etwa der Wende-Shopper oder das 2-in-1-Bag Set im individuellen Styling für jeden Anlass, die mit ihrer intelligenten Aufteilung ohne lästiges Umpacken auskommen. Jetzt elegant, später glamourös, morgen Hippie. Dabei hat die gebürtige Stuttgarterin, die bereits mit 16 Jahren ihre erste Firma gründete, für die berühmtesten Modehäuser der Welt gearbeitet und die aufsteckbaren Absätze HEELBOPPS entwickelt, auch stets ihre Verantwortung gegenüber der Umwelt im Blick.

Katharina Hermes liegt es ganz besonders am Herzen, die gegebenen Produktionsressourcen intelligent und vor allem effizient und nachhaltig einzusetzen, Verschwendung von Material zu minimieren und gleichzeitig die regionale Wirtschaft zu stärken. Gründe genug, ihre schicken Handtaschen in der alten Lederstadt Offenbach produzieren zu lassen und somit auch den lokalen Arbeitsmarkt zu unterstützen. Vorwiegend werden die Taschen und Cover aus qualita-

tivem veganem Kunstleder oder Kunstfell gefertigt, dennoch sind die sogenannten StyleCOVER auch aus echten Fellen oder Tierleder erhältlich. Mit dem Konfigurator auf der Homepage lässt sich die favorisierte Tasche ganz einfach selbst erstellen.

www.katy-mercury.com

89

Wollfilz so weit das Auge reicht

Burning Love

—> Klingholzstraße 14, 65189 Wiesbaden

Handgemacht mit Liebe, so lautet das Motto der Manufaktur in Wiesbaden, deren Angebot seit dem Jahre 2003 handgefertigte hochwertig verarbeitete Sleeves, Taschen und Accessoires aus edlem italienischem Leder und feinstem Merino-Wollfilz umfasst.

Eine nachhaltige Sache, denn der drei Millimeter dicke Wollfilz kommt nicht nur aus umweltfreundlicher Produktion, das Naturprodukt entspricht auch dem Öko-Tex-Standard 100. Das verarbeitete Rindsleder ist lichtecht und schadstofffrei, durch den täglichen Gebrauch bekommt es nach und nach eine schöne Patina. Alle Artikel gibt es in klassischen Farben, immer kreiert mit einem funktionalen Design, das die Produkte auch alltagstauglich macht.

Vom ersten Entwurf an bis zur finalen Umsetzung wird alles im Wiesbadener Atelier produziert, die komplette Produktion aus einer Hand. Ein Schwerpunkt der Manufaktur sind aus Merinofilz oder Leder maßgeschneiderte Sleeves für MacBooks, iPads und iPhones. Ergänzend dazu gibt es schicke Tischauflagen, Portemonnaies, Schlüsselanhänger und die formidablen »Smoking Pouches«, in denen alle Rauchutensilien problemlos an einem Ort verstaut werden können.

Wer es gerne sehr persönlich haben möchte, ist in der Manufaktur ebenso an der richtigen Adresse. Individuell gebrandete Schlüsselbänder, Handyhüllen sowie Umhänge- und Tragetaschen werden ebenso angeboten wie die komplette Entwicklung eines eigenen Produktes.

www.burninglove.de
*Terminabsprache erforderlich

90 Saubere Sache

Kuno Waschmittel

—> nur online

Tom Mayr und Etienne Schmalfuß sind nicht nur alte Freunde, sondern auch innovative und ambitionierte Geschäftspartner, die ihre Fähigkeiten dort einsetzen, wo sie eine positive und nachhaltige Wirkung haben können. Zum Beispiel bei der Produktion eines neuen Waschmittels, das sie nach drei Monaten Entwicklungsphase »Kuno« tauften, um dem Produkt und dem Unternehmen eine persönliche Note und einen Charakter zu geben.

Natürlich steckt in Kuno ganz viel Herzblut. Es ist für Tom Mayr und Etienne Schmalfuß mehr als nur ein Waschmittel, es verkörpert eine Idee, die als Vorbild für weitere nachhaltige Konzepte dienen soll. Im wahrsten Sinne des Wortes eine saubere Sache.

Durch den Ansatz, das Waschmittel hoch zu konzentrieren, ausgewählte Inhaltsstoffe und eine recycelbare Verpackung zu verwenden, ist Kuno eine echte Alternative zu herkömmlichen Waschmitteln. Kuno ist ein kleiner Streifen mit viel Power, den man in die Waschtrommel gibt, der sich innerhalb von Sekunden im Wasser auflöst und am Ende für saubere Wäsche sorgt. Ob weiß, schwarz oder bunt, von 20 bis 95 Grad Celsius macht Kuno seine Arbeit effektiv und nachhaltig. Denn hergestellt ist der Waschstreifen ganz ohne chemische Farbstoffe und besteht lediglich aus anionischen und nichtionischen Tensiden, Wasser, Wasserenthärter, Bindungs- und Duftstoffen. Alles vegan, nachhaltig und ohne Einwegplastik, Phosphate, Parabene und Bleichmittel. Kuno eben.

www.kuno-waschmittel.de

18
Waschladungen
Kuno
Vollwaschmittel
in festen Streifen
Frische Duft
Kuno
Vollwaschmittel
in festen Streifen
18
Waschladungen
Meeresbrise
MADE IN
EUROPE
Kuno
Universalwaschmittel
in festen Streifen
✓Biologisch abbaubar

91

Was mit einem kleinen Laden vor mehr als 30 Jahren begann, ist heute eine stattliche Manufaktur, die individuelle und maßgefertigte Fahrräder herstellt. Dabei

Gutes Rad ist nicht teuer

Cucuma Bikes
—> Otto-Röhm-Straße 82, 64293 Darmstadt

sind individualisierte Gravel Bikes das Markenzeichen des Unternehmens. Egal ob für die Cross-Tour oder die Nutzung als Rennrad mit Komfort: Die verschiedenen Modelle mit Rahmen oder einer Gabel aus Carbon, können von den Kunden individuell und je nach Bedürfnissen und Wünschen zusammengestellt werden.

Auch die Ergonomie der Gravel Bikes wird an die Physionomie der Fahrer angepasst, so haben die Kunden die Auswahl zwischen verschieden großen Rahmen, Sattelbreiten, Vorbaulängen und Lenkerbreiten. Wunschfarben ohne Aufpreis gehören zum guten Service der Darmstädter Fahrrad-Manufaktur.

Um den höchsten Qualitätsstandard zu gewährleisten, werden die Gravel Bikes in Darmstadt gefertigt und durchlaufen dabei einen fest reglementierten Produktions- und Prüfprozess. Neu in der Produktion ist das Fóia S, das vielseitigste Rennrad, das die Manufaktur je gebaut hat. Für die Produktion der E-Bikes werden ausschließlich Teile von namhaften Zubehör-Herstellern verbaut.

In Sachen Business Bike haben die Kunden die Wahl zwischen Gravel Bike, City-Bike, Trekking-Rad, Tourenbike oder E-Bike. Auch hier können Ausstattung und Anbauteile individuell nach Wünschen zusammengestellt werden. Dazu ist ein Leasing dieser Dienst- und Job-Räder zu attraktiven Konditionen möglich. Die erstklassige Beratung lässt rund um das Rad keine Fragen offen.

www.cucuma.com

92 You made my day

ever&again

—> nur online

Was sich hinter dem verheißungsvollen Firmennamen verbirgt, sind nachhaltig, lokal und fair produzierte Küchenaccessoires. Die Idee dazu hatte Kristina Parr, sie wollte »Zero Waste Produkte« entwickeln, die einfach zu verwenden und leicht in den stressigen Alltag zu integrieren sind. Abseits von Ressourcenverschwendungen, umweltbelastenden Folien und Verpackungen.

So entstand eine ganze Reihe an neuen innovativen Produkten, die schön und gleichzeitig praktisch sind, und einen nachhaltigen Lebensstil unterstützen. Zum Beispiel Schüsselhauben, bunte praktische Abdeckungen aus Stoff, rund oder eckig, farbenfroh und in vielen Größen erhältlich. Oder bunte Baguettes-Taschen und Brotbeutel, wiederverwendbar und waschbar, eine sinnvolle Alternative für die Einweg-Bäckertüte oder die Plastik-Brotbox.

Die umweltfreundlichen Freezer Bags mit dem sicheren starken Klettverschluss, ebenfalls waschbar und wiederverwendbar und natürlich kühlschrank- und gefrierschranktauglich, sind handgenähte Unikate aus Baumwolle. Das Innenfutter besteht aus wasserfestem und lebensmittelechtem Stoff, der ohne Chemie auskommt.

Zum attraktiven Sortiment der Manufaktur, die die meisten ihrer Produkte in der Frankfurter Reha Werkstatt nähen lässt, gehören auch klassische Geschirrtücher aus Baumwoll-Waffelpiqué, die waschbare Küchenrolle »Swipe Its« aus besonders saugfähigem Molton, Leinenservietten, Besteckrollen aus Stoff und sogar Geschenk-

papier aus Stoff, sogenannte Furoshiki Tücher in verschiedenen Motiven.

www.everandagain.com

93

Der richtige Durchblick

Eric Lauer Brillenmanufaktur
—> Kaiserstraße 23
60311 Frankfurt

Eric Lauer ist nicht nur Augenoptikermeister, sondern auch Brillenmacher und seit 2006 auf die Fertigung von individuellen Brillen spezialisiert. Dabei setzt Lauer vor allem auf das hochwertige Naturmaterial Büffelhorn, aber auch Holz und Stein wie etwa Schiefer sind das Basismaterial für die handgefertigten Unikate aus seiner Manufaktur.

Alle Brillen entstehen in reiner Handarbeit, bis zur Fertigstellung, die zwei bis drei Wochen dauern kann, hat das Einzelstück rund 250 unterschiedliche Arbeitsschritte durchlaufen. Natürlich werden die Brillen entsprechend der Kundenwünsche auch anhand persönlicher Merkmale wie Kopfform, Augen- und Haarfarbe speziell angefertigt. Ebenso unverwechselbar wie das Designer-Brillengestell können auch die Gläser nach individuellen Vorgaben produziert werden.

Qualität und höchster Tragekomfort stehen dabei immer im Fokus der maßgefertigten Sehhilfen. Eine Spezialität der Brillenmanufaktur sind die Steinbrillen, die aus Buntschiefer in verschiedenen Tönen oder Glimmerschiefer aufwendig gefertigt werden. Dafür wird ein Gewebe auf den Schiefer geklebt, eine dünne Schicht des Natursteins abgeschält und hauchdünn auf ein Büffelhorngestell geklebt, das als Träger dient. Eine einzigartige Optik aus Naturstein, verbunden mit der Flexibilität und dem angenehmen Tragekomfort von Horn. Brillen für den richtigen Durchblick und das gute Aussehen.

www.brillenmanufaktur.de

Bunt ist ihre Lieblingsfarbe

Studio Jakob & Tatze
—> Leipziger Straße 63–65
60487 Frankfurt

Etwas versteckt liegt fast idyllisch in einem Frankfurter Hinterhaus das Studio von Nina Egli, einer kreativen Grafikerin, die sich ganz dem Siebdruck verschrieben hat. Ihre Leidenschaft für das Bunte, das Gestalten und kreative Techniken hat die gebürtige Schweizerin schon als Kind für sich entdeckt. Entschieden hat sie sich letztendlich für den Siebdruck, denn das ist das, was Nina Egli Spaß macht. Manchmal komplex, manchmal total easy.

Für Nina ist Siebdruck kein Basteln, sondern echtes Handwerk, mit dem man richtig coole Sachen machen kann. Denn das Schablonen-Druckverfahren ist allen anderen Drucktechniken überlegen, wenn es um Farbauftrag, Qualität und besondere Untergründe geht.

Was damit alles und in welcher Intensität geht, kann man seit Sommer 2021 in ihren Workshops und Events erfahren. Dann ist die Begeisterung von Nina Egli für ihre Handwerkskunst sichtbar und spürbar, aber vor allem ansteckend. Der Funke springt über und obwohl der Siebdruck auch Kopf und Körper beansprucht und Konzentration verlangt, versprüht er eine inspirierende Leichtigkeit, wenn die unzähligen Designs in den schönsten Farben professionell auf Stoff und Papier erscheinen. Kunst zum Abbilden, hergestellt in reinster Handarbeit, eintauchen in die unendlich bunte Welt des Siebdrucks, farbintensiv oder farbkonzentriert. Rund 4,5 Stunden dauert ein Workshop mit Studio-Motiven oder eigenen Motiven im Frankfurter Atelier von Nina Egli und ihrem Team. Eine kleine Kollektion findet man zudem online.

www.jakobundtatze.de
*Terminabsprache erforderlich

94

Die Stoff-Queen

Quiltmanufaktur – Andrea Kollath

—> nur online

Das Handgemachte liegt Andrea Kollath im Blut, seit rund zehn Jahren betreibt die gelernte Schneiderin ihre Quiltmanufaktur in Frankfurt – bis auf die Workshops allerdings als reinen Onlineshop.

Dass mit Stoffen zu arbeiten süchtig, aber auch glücklich macht, ist für Andrea Kollath mehr als eine Binsenweisheit. Die engagierte Unternehmerin geht in ihrer Manufaktur auf, ihre Begeisterung für Stoffe und was daraus entstehen kann, ist in ihren inspirierenden Workshops spürbar.

Das mehrlagige Textil, das traditionell aus zwei oder mehr Lagen Stoff oder Fasern und einem Füllmaterial besteht, lässt der kreativen farblichen Gestaltung viel Raum. Entsprechend breit ist das großartige Angebot an klassischen und modernen Stoffen und reicht von weiß, orange und türkis bis hin zu bunt und metallic.

Aber auch angesagte Designer-Stoffe hat die Quiltmanufaktur von Andrea Kollath auf Lager, ebenso Stoffe mit Themen, Motiven und Ornamenten. Alles, was dazu an

95

Zubehör für die Herstellung von Quilts notwendig ist, ob Vlies, Reißverschlüsse, Rollschneider oder Textilkleber, ist ebenfalls in der Manufaktur zu bekommen. Ein Dorado für alle, die sich mit Quilt und modernem Patchwork beschäftigen möchten. Workshops werden im Frankfurter Quiltbüro, aber auch im Creativ Center von Bernina angeboten.

www.quiltmanufaktur.com

Brotzeit

Illichmanufaktur

—> nur online

96

Eigentlich arbeitet Jan Illichmann hauptberuflich als selbstständiger Physiotherapeut, doch seine Passion sind alte Brotschneidemaschinen, denen er in seiner kleinen Werkstatt mit viel Liebe zum Detail und handwerklichem Geschick neues Leben einhaucht.

Alles beginnt im Jahre 2015, als er im Keller seines Bruders eine alte Brotschneidemaschine findet, die zwar in keinem guten Zustand, aber zum Wegwerfen zu schade ist. Jan Illichmann repariert und restauriert das gute Stück und schenkt die wieder funktionsfähige Brotschneidemaschine seinem Bruder zu Weihnachten. Eine Initialzündung für eine Manufaktur, die Jan Illichmann im Jahre 2018 gewerblich anmeldet und seitdem eine Brotschneidemaschine nach der anderen zunächst von Hand reinigt, repariert, wenn nötig neu lackiert und technisch wiederaufbereitet.

Die Maschinen, von denen es rund 30 verschiedene Modelle gibt, die teils 90 Jahre alt sind, findet er auf Flohmärkten, in Haushaltsauflösungen und auf bestimmten Internetplattformen. Um der Qualität von früher gerecht zu werden, verwendet Jan Illichmann für die Restauration der Brotschneidemaschinen ausschließlich hochwertige Materialien. Die alten Schneideblätter werden von einem Messerschmied professionell geschärft. Zum Angebot der Manufaktur gehört auch ein eigenes produziertes Holzpflegewachs zur Pflege des massiven Eichenbretts, auf der die

Brotschneidemaschine montiert ist.

www.illichmanufaktur.de

97

Peter Köhler ist ein echter Tüftler, ein gelernter Maschinenbaumeister, der lange für die Autoindustrie gearbeitet, Montageeinrichtungen und Maschinen gebaut hat.

Lastenrad mal anders gedacht

Flexbike Manufaktur Hanau
—> Mittelstraße 6
63454 Hanau

Bis er im wahrsten Sinne des Wortes eines Tages aufs Fahrrad kam. Nicht aufs Rennrad oder aufs Mountainbike, Peter Köhler hat das Lastenfahrrad neu definiert.

Flexbike, das Lastenfahrrad der Zukunft, nennt er seine Konstruktion. Ein handgefertigtes Fahrrad mit Stahlrahmen, das extrem kompakt und kaum länger als ein Faltrad ist, aber dank seiner drei Räder ein stabiles und vor allem sicheres Fahrgefühl garantiert. Der eigentliche Lastenträger, in der Standardausführung aus Aluminium und Holz gefertigt, befindet sich zwischen den Vorderrädern und ist damit immer im Sichtfeld des Fahrers.

Ausgestattet ist das Flexbike mit einer Neigetechnik, die es ermöglicht, dass der Lastenträger in den Kurven mitgeht. Die Neigetechnik ist für das einfachere Beladen des Flexbikes abschaltbar. Für Menschen mit eingeschränktem Gleichgewichtssinn kann das Lastenrad auch ohne Neigetechnik angeboten werden. Damit das Flexbike sicher abgestellt werden kann, sind die beiden Vorderräder mit Bremsen blockierbar. Dazu verfügt das Lastenrad über eine Achsschenkellenkung, die ein Verreißen des Lenkers, zum Beispiel beim Bordstein auffahren, verhindert. Fragen zu Sonderwünschen und individuellen Vorstellungen beantwortet Peter Köhler gerne in einem persönlichen Gespräch.

www.flexbike-manufaktur.de
*Terminabsprache erforderlich

Alles aus Holz

Klaus Kirchner – schöne Dinge aus Holz
—> Darmstädter Straße 36, 63456 Hanau

Schöne Dinge aus Holz zu machen, das war schon zu Kinderzeiten ein Wunsch von Klaus Kirchner. Was dann im Werkunterricht in der Schule begann und als Hobby weitergeführt wurde, ließ in ihm die Idee reifen, neben dem Beruf in der Softwarebranche sich mehr Zeit für die Einzelanfertigung von Holzarbeiten zu nehmen und die Schönheit des Holzes herauszuarbeiten.

In seiner Werkstatt entstehen heute Gefäße, Schalen, Vasen und Hohlformen, dazu Schreibgeräte und Leuchtunikate, aber auch Skulpturen und bildhauerische Arbeiten, die Tiere und Menschen darstellen, und geschnitzte Wandreliefs. Die komplette Herstellung eines Objekts liegt vom Beschaffen des Holzes bis zum fertigen Unikat in Kirchners Hand. Besonders wichtig ist ihm dabei die gestaltete Form seiner Objekte, erst danach spielt die Haptik eine Rolle. Für seine Arbeiten verwendet Klaus Kirchner hauptsächlich einheimisches Restholz und Holz von Bäumen, die auf natürliche Art und Weise umgefallen sind oder wegen Krankheit oder aus Sicherheitsgründen entfernt werden mussten. Je nach Zustand des Holzes bleiben die Objekte naturbelassen oder werden mit Strukturen und Farben verändert.

Im Jahre 2021 hat Klaus Kirchner die Holzkunstgalerie gegründet, in der die Exponate virtuell anschaubar sind und natürlich käuflich erworben werden können. Unter der Beteiligung nationaler und internationaler Künstler haben bereits mehrere Ausstellungen in seiner Holzkunstgalerie stattgefunden.

www.holzkunstgalerie.de
*Terminabsprache erforderlich

98

99 Gute Nacht

Zeit fürs Bett & Betten Raab

—> St.Egrève-Straße 25 – 27, 61184 Karben
Schillerstraße 11, 60313 Frankfurt

Soll der fromme Wunsch tatsächlich in Erfüllung gehen und es eine gute Nacht mit erholsamem Schlaf wer-

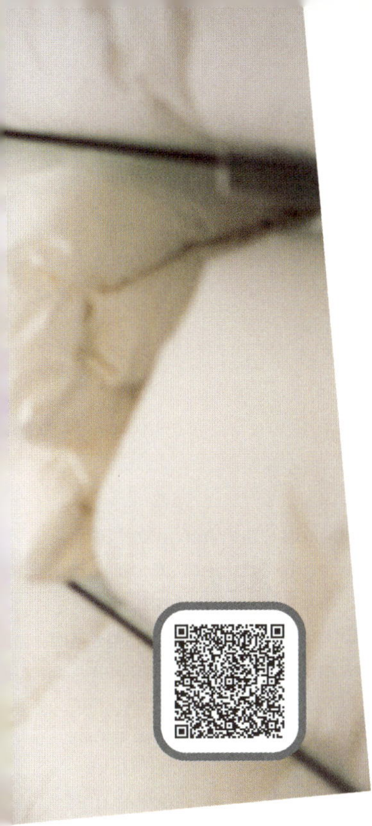

den, dann müssen bestimmte Rahmenbedingungen erfüllt sein. Welche das sind, weiß Eva Bovet ganz genau. Denn sie und das gesamte Team von »Zeit fürs Bett & Betten Raab« haben sich zum Ziel gesetzt, mit ihren Produkten und der dazu passend kompetenten Beratung Menschen einen gesunden Schlaf zu ermöglichen.

Egal, wie unterschiedlich und individuell die Bedürfnisse und Ansprüche sein mögen: Bei Eva Bovet und ihren Mitarbeitenden liegt man in jeder Beziehung richtig und kann sich getrost auf eine »Gute Nacht« einstellen.

Dafür werden im hauseigenen Atelier des sympathischen Familienbetriebs Daunendecken und Federkopfkissen selbst gefertigt. Die Inletthüllen werden dabei mit dem besten Füllgewicht und unterschiedlichen Federn und Daunen per Hand gefüllt. Diese stammen ausschließlich von bekannten Lieferanten mit zertifizierter artgerechter Tierhaltung. Bei der Auswahl der Hüllen wird besonders auf Qualität, lange Haltbarkeit, Verarbeitung, aber auch faire Arbeitsbedingungen und kurze Lieferwege geachtet.

Handgefertigte Produkte aus der Karbener Manufaktur sind nachhaltig, qualitativ hochwertig und in aller Regel auch reinigungsfähig oder waschbar. Zum umfangreichen Schlafsortiment gehören auch Accessoires wie kuschelige Bademäntel und Kissenbezüge mit Frankfurter Motiven. Darauf schläft man noch einmal besser.

www.shop.zeitfuersbett.de

Newcomer aus alten Segeln

Stay In A Kite
—> nur online

Nachhaltige Lifestyle-Fashion und Accessoires aus gebrauchten und ausrangierten Kites und Segeln, das klingt erst einmal nach einer coolen Idee. Und das ist sie auch, denn Doris Ivanschitz möchte in ihrer Manufaktur alle defekten und ungenutzten oder einfach nur veralteten Kites und Surfsegel erhalten, um Neues daraus entstehen zu lassen. Ein sinnvoller Materialkreislauf, der alles bis auf den letzten Rest verarbeitet.

Die Schnittreste der Kites und Surfsegel werden vor Ort zu Füllmaterial verarbeitet, die Schnittreste der Bio-Baumwolle werden wieder aufbereitet und versponnen. Sozusagen »From nose to tail« für Segelstoffe, Recycling at its best.

Dieses Upcycling verbinden Doris Ivanschitz und ihr Team mit ökologisch hergestellten Futterstoffen und Garnen aus fairer und transparenter Produktion. So entstehen die sogenannten PIECES, Unikate mit Lifestyle-Feeling, hochwertig verarbeitete kleine und große Taschen und natürlich Bekleidung für Frauen, Männer und Kids in bunten Farben und Motiven.

Die Jacken sind gefüttert mit weichem Bio-Baumwoll-Teddy, haben Kapuze und Kuschelkragen. Kuschelig weich sind auch die Kissen PIECE4TWO, auf dem gleich zwei Köpfe Platz haben. Die Applikationen auf dem Kissen, die in vielen Farben angeboten werden, sind aus upgecycelten Kitesurf-Segeln, die einst am Himmel tanzten. Falls mal ein Teil aus der Naht kommt

oder einfach kaputt geht, kümmert sich ein Reparaturdienst um die PIECES.

www.stayinakite.com

101

Nur was richtig scharf ist, gefällt Sven Kirchgeßner. Denn der Mainzer schmiedet Messer von außerordentlicher Qualität, individuelle Einzelanfertigungen für jeden

Messerscharfe Handwerkskunst

Handgefertigte Messer aus Mainz – Sven Kirchgeßner

—> nur online

Kunden, garantierte Unikate. Egal ob Kochmesser, Hackbeil oder Bushcraft. Egal ob Klingenlängen von vier bis 25 Zentimeter: Sven Kirchgeßner hat in seiner Manufaktur immer die richtige schnittige Lösung.

In seiner »Hall of Fame« kann man einen Teil seiner bisher produzierten Exemplare bewundern und sich inspirieren lassen. Für die Klingen seiner Messer verwendet der Mainzer Messermacher robusten und schnitthaltigen, sehr zähen und verschleißfesten Messerstahl, der optimal auf die gewünschte Härte und Zähigkeit eingestellt werden kann und auf den Schärfestufen A bis C sehr gute Ergebnisse erzielt. Die Griffe variieren in den verwendeten Materialien und können aus alten Weinstöcken, Ebenholz, Walnuss oder Kirsche, Eiche oder Zwetschgenholz gefertigt sein.

Der Kreativität sind dabei keine Grenzen gesetzt. Auf Wunsch ätzt Sven Kirchgeßner Initialen, Logos oder kleine Motive in die Klinge. Alles möglich, nur nicht von der Stange. Wer konkrete Vorstellungen von seinem Wunschmesser hat und wissen möchte, was das Ganze kostet, kann sich mit Hilfe des Messer-Generators auf der Webseite mit den ersten Schritten zum eigenen Messer vertraut machen. Danach meldet sich Sven Kirchgeßner mit einem konkreten Angebot.

Wer direkt selbst Hand anlegen möchte, kann einen dreitägigen Messerkurs buchen, in dem das eigene Messer unter Anleitung von Sven Kirchgeßner hergestellt wird.

www.svenkirchgessner.com

Der Autor

Ingo Swoboda, geboren und aufgewachsen in Eltville am Rhein, absolvierte nach dem Studium in Mainz und Dijon ein Volontariat in Frankfurt. Als Redakteur und stellvertretender Chefredakteur veröffentlichte er seine ersten Bücher, einige davon wurden mit Preisen ausgezeichnet. Seit rund 25 Jahren ist Swoboda als freier Journalist, Buchautor und Moderator tätig.

07

Rhein-Main

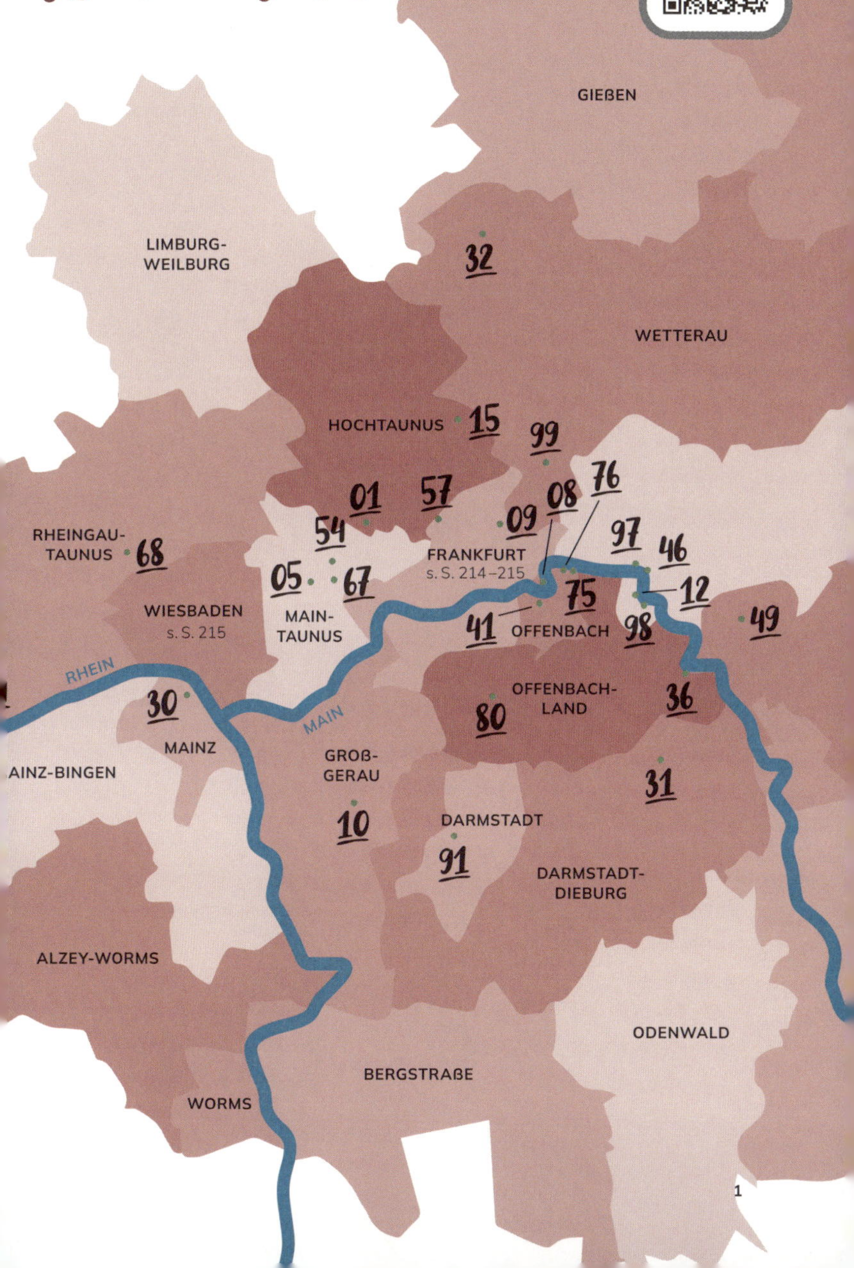
GIEßEN
LIMBURG-
WEILBURG
32
WETTERAU
HOCHTAUNUS
15
99
76
01
57
08
09
54
RHEINGAU-
TAUNUS
68
FRANKFURT
s. S. 214–215
97
46
05
67
75
12
WIESBADEN
s. S. 215
MAIN-
TAUNUS
41
OFFENBACH
98
49
RHEIN
OFFENBACH-
LAND
36
30
80
MAIN
MAINZ
GROß-
GERAU
AINZ-BINGEN
31
10
DARMSTADT
91
DARMSTADT-
DIEBURG
ALZEY-WORMS
ODENWALD
BERGSTRAßE
WORMS

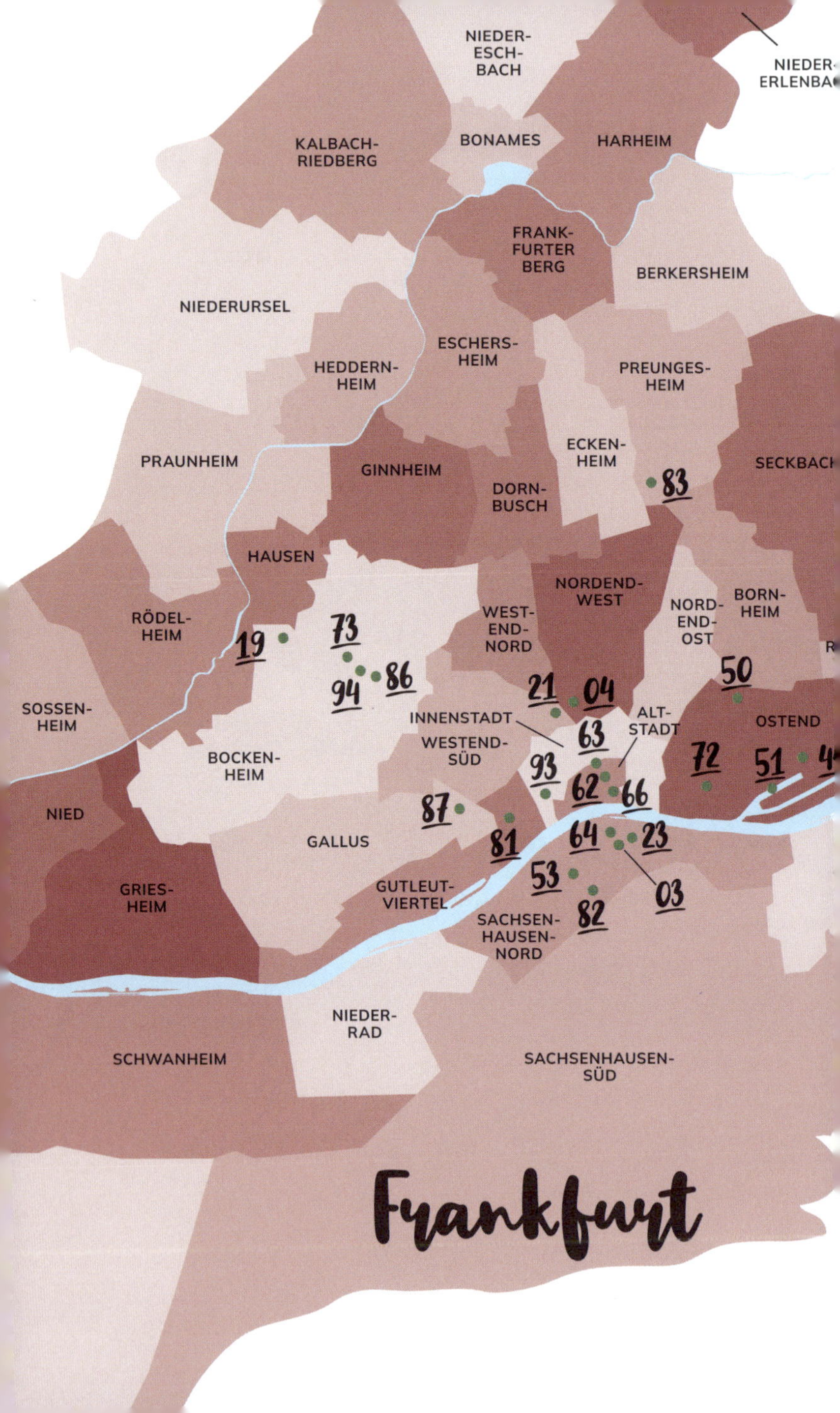
NIEDER-ESCH-BACH
NIEDER-ERLENBA
KALBACH-RIEDBERG
BONAMES
HARHEIM
FRANK-FURTER BERG
BERKERSHEIM
NIEDERURSEL
ESCHERS-HEIM
HEDDERN-HEIM
PREUNGES-HEIM
PRAUNHEIM
GINNHEIM
ECKEN-HEIM
SECKBACH
DORN-BUSCH
83
HAUSEN
NORDEND-WEST
RÖDEL-HEIM
WEST-END-NORD
NORD-END-OST
BORN-HEIM
19
73
94
86
50
21
04
SOSSEN-HEIM
INNENSTADT
ALT-STADT
OSTEND
BOCKEN-HEIM
WESTEND-SÜD
63
93
72
51
62
66
NIED
87
GALLUS
81
64
23
53
03
GRIES-HEIM
GUTLEUT-VIERTEL
SACHSEN-HAUSEN-NORD
82
NIEDER-RAD
SCHWANHEIM
SACHSENHAUSEN-SÜD
Frankfurt

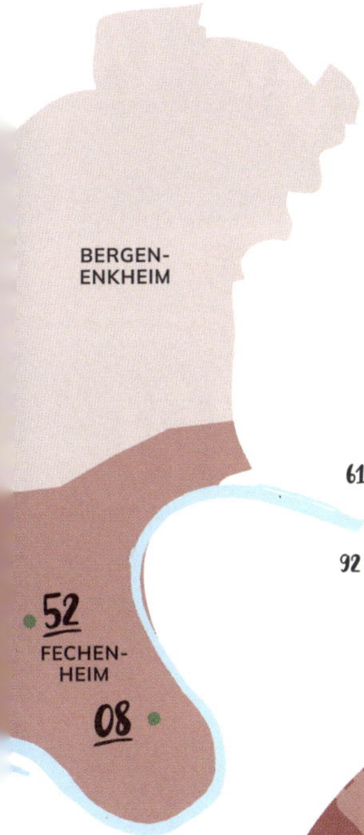

Diese Manufakturen haben nur einen Onlineshop:

2 matilda k. manufaktur, **6** Wollà StrickManufaktur
11 Hembus, **14** Cembalobaumeister Christian Fuchs
16 Orgelteile Otto Heuss, **17** Gebr. Alexander
18 J. Püchner Spezial-Holzinstrumentebau
20 Indre, **22** From A to All
25 Höchster Porzellan Manufaktur
26 Birgit Palt, **28** The Olfactive Avenue
29 Candelae Duftkerzen, **33** Die Seifenmanufaktur
34 Botanical, **35** Grüne Grazie
37 NaturerlebNisse, **38** Print now – Riot later
39 Meine Plattform, **40** Ankermühle
42 Evergreen Manufaktur, **43** Neonblinks
45 Kasaque, **47** Kreis Ledermanufaktur
48 F. Hammann, **55** MEIZ, **56** Kleinformat
58 Herso Stuhlmanufaktur, **60** Born in the Wetterau
61 Maïson Wernet, **65** Naggisch, **70** Manufaktur Ruffer
74 SoWhat, **78** Franzijel, **79** Diamant Schuhfabrik
88 Katy Mercury Germany, **90** Kuno Waschmittel
92 ever&again, **95** Quiltmanufaktur, **96** Illichmanufaktur
100 Stay In A Kite, **101** Sven Kirchgeßner

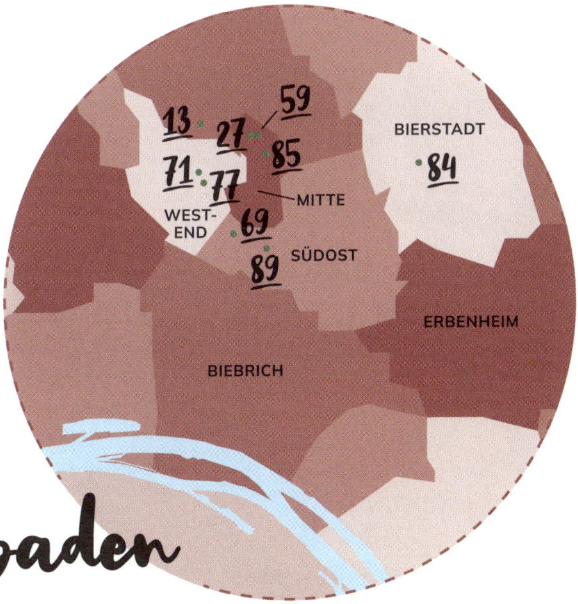

Wiesbaden

BILDNACHWEIS

ALMA: S. 150
ALPAQIRI Strickmanufaktur im Taunus: S. 16
Ankermühle: S. 87
Atelier Daniela Damm: S. 178
BB Cosmetics Wiesbaden: S. 75
Behlau, Dirk/Rohstoff Schmuckhandwerk – Ciaron Hausmann: S. 161
Bembel Maurer: S. 53
Bembeltown: S. 44
Birgit Palt: S. 58
Born in the Wetterau: S. 127
Brichta, Laura/HfG Offenbach/Höchster Porzellan-Manufaktur (HPM): S. 56
Burning Love: S. 184
by franzijel – Franziska Jelonek: S. 162
Candelae Duftkerzen: S. 64
Cembalobaumeister Christian Fuchs: S. 34
Christoph Dettmering – Restaurator – Tischlermeister: S. 111
Cordels Schmuck – Cordula Jäger: S. 159
Cornelius, Marcel/Schönwetterfront: S. 145
Cucuma Bikes: S. 188
Dächert, Günther/Alexandra Baum Schmuck: S. 152
Diamant Schuhfabrik Otto Müller KG: S. 165
Die Hochdruckzone: S. 88
Die Seifenmanufaktur: S. 72
echtmass Herrenmasskleidung: S. 131
Enterprise-Strickdesign: S. 14
Eric Lauer Brillenmanufaktur: S. 192
Evelyn Toomistu Design: S. 94
ever&again: S. 191
Evergreen Manufaktur: S. 90
F. Hammann: S. 103
Flexbike Manufaktur Hanau: S. 200
frisch Beutel: S. 181
From A to All: S. 50
Gebr. Alexander – Rhein. Musikinstrumentenfabrik: S. 40
Grüne Grazie – Wohlfühlwerkstatt: S. 77
Handgefertigte Messer aus Mainz – Sven Kirchgeßner: S. 108
Handweberei – Nadine Cromme: S. 141
Helios Sonnenuhren: S. 32
HERSO Stuhlmanufaktur: S. 123
Holunder Hof – Sigrun Horn: S. 115
Hutcouture – Susanne Bänfer: S. 133
Ile 22 – Pottery & Gallery: S. 61
Illichmanufaktur: S. 199
indre Ceramics & Design – Marianne Steinborn: S. 46
Ivanschitz, Doris/Stay In A Kite: S. 207
KAREKLA Stuhlflechterei & Restauration: S. 106
Kasaque Leather: S. 97
Katy Mercury Germany: S. 183
Keramik Atelier Erbslöh – Gudrun Vogel: S. 54
Klaus Kirchner – schöne Dinge aus Holz: S. 203
Kleinformat: S. 118
Kopp, Nadine/Hair & Make-Up von Adrienne Kremer/ Lena Richter Atelier: S. 148
Kosmetikmacherei Lotte-Mathilda: S. 70
Krebsmühle Möbel: S. 121
Kreis Ledermanufaktur: S. 100
© Kremser, Nisse/NaturerlebNisse: S. 81
Lampenschirmstudio Barth: S. 113
leonid matthias store: S. 134
Li, Shi/J. Püchner Spezial-Holzinstrumentebau: S. 43
Luneta Lederwerkstatt: S. 99
Maïson Wernet: S. 128
Mann, Sandra/Buccheri – Thomas Kauth: S. 138
manufacta – Strick & Schmuck: S. 8
Manufaktur Ruffer: S. 146
Maripo – Shop in Shop bei Oookoko: S. 13
Maßschuh-Atelier Frankfurt am Main: S. 166
matilda k. – Manufaktur: S. 11
Meine kleine Manufaktur: S. 79
Meine Plattform – Liv Denise Rippl: S. 84
MEIZ – Michael Ziem: S. 116
Morgen Interiors: S. 108
Musikinstrumente Freyer: S. 37
Naggisch: S. 136
NAMICO – Hatdesign: S. 142
NENS: S. 171
NEONBLINKS – Wibke Glück: S. 93
NIRWANA Matratzenmanufaktur: S. 26
Nitz Porzellan: S. 49
Ofendesign – Gregor Hartmann: S. 31
Orgelteile Otto Heuss: S. 38
PAYOS Polstermanufaktur: S. 125
Pirot, Thomas/Maria Rose: S. 69
Print now – Riot later: S. 82
Quiltmanufaktur – Andrea Kollath: S. 197
Schmuckatelier Wolfgang Uhl: S. 157
Schuhmacherei Baumbach: S. 174
Schuhmacherei Lenz: S. 168
Schusterlädchen Lenz: S. 172
Societäts-Verlag: S. 176, S. 187
SOWHAT – bags & jewelry: S. 154
Studio Jakob & Tatze: S. 195
Tapetenmanufaktur Hembus: S. 28
The Olfactive Avenue: S. 63
Treppenbau Diehl: S. 25
VanDeBord: S. 104
VIA Material: S. 21
Wachsmanufaktur: S. 67
Werkstatt für feine Holzbearbeitung – Peter Lüchau: S. 24
Wollá Wiesbadener StrickManufaktur: S. 19
Zeit fürs Bett & Betten Raab: S. 204